제천간디학교 교장 이병곤의 교육에세이

가르칠 수 없는 것을 ——— 가르치기

제천간디학교 교장 이병곤의 교육에세이

가르칠 수 없는 것을 가르치기

초판 1쇄 발행 2022년 10월 10일
초판 2쇄 발행 2022년 12월 1일

지은이　　이병곤
펴낸이　　이영선
책임편집　김선정

편집　　　이일규 김선정 김문정 김종훈 이민재 김영아 이현정 차소영
디자인　　김회량 위수연
독자본부　김일신 정혜영 김연수 김민수 박정래 손미경 김동욱

펴낸곳 서해문집 | 출판등록 1989년 3월 16일(제406-2005-000047호)
주소 경기도 파주시 광인사길 217(파주출판도시)
전화 (031)955-7470 | 팩스 (031)955-7469
홈페이지 www.booksea.co.kr | 이메일 shmj21@hanmail.net

ⓒ이병곤, 2022
ISBN　979-11-92085-70-8　03370

제천간디학교 교장 이병곤의 교육에세이

이병곤 지음

가르칠 수 없는 것을

가르치기

서해문집

이무삼 님, 고故 엄연금 님

고맙습니다

두 분은

언제나 제 곁에서 살아 숨 쉬는

대안학교입니다

머리말

1.

내가 고등학교 다닐 때 아버지는 서울 을지로4가 인근에서 자그마한 인쇄소를 운영하셨다. 어느 날 음반 세트 50장을 집에 들이셨다. 아마 거래처에서 인쇄비 대신 어쩔 수 없이 현물로 받은 물건이었으리라.

한 장씩 들춰보니 도이치 그라마폰이 집대성하고 성음사成音社가 라이선스 계약으로 출반한 '위대한 클래식의 세계World of Great Classic'였다. 몇 달 전 어머니를 조르고 졸라 마련한 인켈 컴포넌트 전축이 마침 내게 있었다. 이 쉰 장의 음반이 턴테이블 위에 반복해서 얹혔다. 어떤 작품인지, 무슨 의미가 담긴지도 모른 채 소리에 빠져들었다. 바이올린과 첼로 선율이 시린 계곡물처럼 어린 영혼에 투명하게 흘러들었다.

고등학생이 어떻게 그런 여유를 가지며 호흡이 긴 음악을 수십 번씩 들었을까? '시절 운'이 좋았다고 할 수밖에 없다. 전두환이 쿠데타로 집권을 노리던 1980년. 그의 신군부 패거리들은 '7·30 교육개혁 조치'를 내려 초중고 재학생의 과외와 학원 수강을 불법화했다.

1981년에 나는 고교 1학년이었다. 학교에서 집으로 돌아오면 오후 4시. 시간이 창창하게 남아돌았다. 공상에 빠져 뒹굴거리다 보면 6시에 지상파 TV 방송이 시작됐다. 한참 시청하다가 '아차' 싶어서 미뤘던 숙제를 찔끔 해치웠다. 더 늦은 밤에는 LP 음반이나 라디오 FM 방송을 틀어놓고 갖가지 음악을 실컷 들었다. 다행히 부모님은 이런 '헤픈' 시간 씀씀이에 거의 관여하지 않으셨다. '시절 운'에 더해 '부모 운'까지 좋았기에 자유롭게 고교 시절을 보냈다.

2.

'사랑'이라는 단어는 추상명사다. 하지만 우리는 대략 어떻게 사랑해야 하는지 알고, 어떤 종류의 사랑이 있으며 때로는 지나친 사랑이 어느 정도로 인간관계를 해칠 수 있는지 상상할 수 있다. 살면서 그만큼 사랑 경험을 해왔기 때문일 것이다.

이제 '사랑' 자리에 '자유'를 가져다 놓아보자. 동일한 추상명사다. 여러분은 자유가 무엇이고, 어떻게 사용해야 하고, 어떤 때 절제해야 하는지 잘 아시겠는가. 고개를 갸웃할 거다. 우리는 자유로운 시민이지만 실제 생활 세계에서 오롯이 자유를 경험한 적이 별로 없다.

호흡은 공기가 있다는 게 전제되어야 가능한 것처럼 교육은 자유의 보장 아래 이뤄지는 인간 행동이다. 학습자의 자유를 빼앗고 교육만 취하려는 행위를 '교화 敎化, indoctrination'라고 부른다. 심각하게 물어야 한다. 2022년 현재 한국 사회는 정녕 다음 세대를 '교육'하고 있는 게 맞을까?

한국 사람들은 '자유'라 써놓고 속마음으로 '위험하다' 아니면 '방만하다'쯤으로 읽는다. 때로는 인식의 저 밑바닥에서 자유를 두려워하거나, 효율적이지 않다며 남몰래 힐난한다. 영어에서는 포괄적인 의미로 사용하는 자유freedom와 속박에서 해방된다는 뜻을 가진 자유 liberty가 구분되어 있는데, 한국어는 그렇게 용어가 분화되어 있지 않기에 그 뜻을 올바로 새기기가 더 어렵다.

아이를 키울 때는 실패의 위험성을 감수하면서까지 자유롭게 놓아두는 용기가 교사와 양육자 모두에게 필요하다. 가능하면 실패나 위험에 대한 위기 인식을 아이들과 청소년이 직접 느낄수록 더 좋다. 교육하는 일은 보험 설계와 다르다. 보험은 불확실한 미래의 위험성을 여러 갈래로 분산해 리스크가 닥쳤을 때 부담을 최소화하는 제도다. 반면 교육은 다음 세대가 어려운 리스크와 맞대면함으로써 존재 자체를 새로운 단계로 고양하도록 부추기는 과업이다. 그 과정에서 아이는 '창조적인 개별자'가 된다. 원래 사람들은 분별없이 다른 이를 따라가는 습성이 있다. 그것을 거스를 줄 알아야 스스로 존재하는 힘이 생긴다.

존 스튜어트 밀은 《자유론》에서 말한다.

"개별성이 없는 삶은 '모래를 씹는 맛'처럼 무의미한 일상의 반복일 수밖에 없다."

3.

50대 초반이었던 2017년 2월. 제천간디학교를 만났다. '피로에 쩐' 행운이었다. 이 학교에 몸담기 전까지 나는 '말로 지은 집'에서만 평화롭게 살았다. 교육철학을 전공했다고 하나 '문장'으로 배운 이상理想과 당위만 머릿속에 가득했다. 추상적 언어와 논리만 가진 채 교육 현장을 '대상'으로 바라보고 연구해오던 백면서생이었다.

교육학 연구가 지닌 큰 맹점은 학교 안에서 형성되는 변수를 간파하기 어렵다는 것이다. 모든 학교 현장은 끊임없이 그 구성원이 바뀐다. 학생, 학부모, 교사 모두 그러하다. 사람이 바뀌면 그들이 서로 작용하는 모습, 만들어가는 문화, 지향하는 방향이 급선회한다. 결과를 예측하기 어려울 때는 절대적 당위에 맞는 결정을 내리기가 불가능하다. 사안마다 그 상황에 맞는 적합한 결론이 무엇일지 고려하면서 답 없는 의사결정을 내리며 나아가야 한다. 그게 힘들다. 옳고 그름을 판단하기에 앞서, 무엇이 최선일까를 염두에 두고 안개 속에서 더듬어가야 하기 때문이다. 현장에서 교육학 연구의 직접적 결과물을 때맞춰 참조하기 어려운 이유다.

제천간디학교에서 민주주의 실현은 늘 위기이고 도전이다. 회의를 그렇게 많이 하는데, 소통이 부실했다는 평가가 학기마다 안 나오는 적이 없다. 조금이라도 수업 내용이 지겨워지면 아이들은 어느새 저 멀리 사라져버린다. 95퍼센트가 선택 교과인데, 교사가 애써 마련한 수업이 조금이라도 재미없어 보인다 싶으면 학생들은 냉정하다. 시간표를 빈칸으로 남겨놓는 한이 있어도 수업 신청을 아예 하지 않는다.

학생들은 사랑스러운 '사고뭉치'들이다. 어느 아이도

힘들지 않게 성장하는 경우는 결코 없다. 100명이 넘는 아이들 사이에서 발생하는 관계와 작용의 가짓수를 상상해보라. 학교는 어떤 일이라도 일어날 수 있고, 그 모든 것들이 기억으로 남는 블랙박스 같은 곳이다. 이 사실을 간파하자 내 눈에는 학교의 모든 측면이 흥미로운 연구 주제이자 대상으로 비쳤다. 다만 그것을 기록하고 깊이 들여다볼 시간이 내게 충분하지 않았을 뿐이다.

4.

2022년 현재 한국의 대안교육은 위기를 맞고 있다. 특히 비인가 현장이 그러하다. 자발적으로 '비주류'를 선택하려는 학생과 학부모가 줄어들고 있다. 원인은 대안학교 현장의 안팎에서 비롯한 것이지만 지금 그것을 논할 자리는 아니다. 다만 한국 사회에서 대안학교의 실험과 실천은 여전히 지속되어야 한다는 점만 강조해두고 싶다.

대학입시와 경쟁교육 체제를 유지하면서 동시에 교

육의 근본 목적을 달성하기란 어렵다. 대안교육을 통해 달성하려는 것은 무엇일까? 사람을 사랑하고 도리를 지키는 일이다. 내가 누구인지 알고 스스로 삶을 개척하려는 정신이다. 나와 다른 사람들 속에서 나를 잃지 않으면서도 협력하여 목표를 성취하는 기질이다. 자신이 잘 모르는 상황을 대면하더라도 위축되지 않으며, 스스로 학습하고 역량을 키워 어려운 일을 풀어가는 자세다.

인간 삶에서 갖춰야 할 대부분의 역량과 자질은 시험에 나오지 않는다. 사람 사랑하는 방법을 어떻게 문제로 유형화하고, 측정하며, 비교할 것인가. 아니, 그럴 필요가 어디에 있겠는가. 교과목 대신 학습 방법을, 경쟁 대신 협력을, 강제 대신 자발성을 강조하면서 어떻게 그것을 실현할 것인가 고민해온 공간이 바로 대안학교였다. 시험에 나오지는 않지만 인간이 가져야 할 중요한 특성과 자질을 발현하도록 교육과정과 학교 문화를 조직·운영하려고 애써온 곳도 대안학교 현장이었다.

우리 사회는 대안교육이 무엇이고, 어떻게 펼쳐나가

야 하며, 실제로 그 결과는 어떠했는지를 학문적으로 깊이 있게 다루지 않았다. 그럼에도 대안교육 현장에서는 당장 아이들과 씨름하며 실천을 해야 하기에, 모든 일을 몸으로 겪고 견디면서 방법을 찾아나서야 했다. 나도 예외가 아니었다. 내가 자라고 성장한 경험을 나침반 삼아 대안교육에 대한 사고와 실천을 펼쳐간 것이다.

나는 왜 지금의 나일 수 있었나, 거꾸로 추적해본다. 앞서 예시했던 '성음사 클래식 음반' 에피소드가 하나의 단서다. 성장 기간 동안 여러 갈래로 나뉜 자유로운 경험의 축적물이 결국 '나'였다. 그때의 경험이 지닌 속성의 공통점은 이러하다. 허용적인 문화와 분위기, 자기 시간을 마음대로 처분할 수 있던 자유, 상대를 믿고 사랑하는 관계, 일머리를 익혀가는 데 도움이 되는 작은 단체나 조직에 소속했던 기억 등이 그것이었다.

'시절 운'과 '부모 운'에 더하여 '학교 운', '친구 운' 같은 것들이 안정적이고 정기적으로 발생하도록 학교조직을 개편하면 되지 않을까. 그것을 구현한 실체가 한국

사회에서 1990년대 중반 시기에 출현해 오늘에 이른 대안학교들이다. 이것은 공교육 학교의 혁신에도 소중한 화두가 될 수 있을 것이다.

5.

이 책에 담은 이야기는 2020년 7월부터 《한겨레》의 '세상 읽기' 코너에 4주마다 한 번씩 게재했던 칼럼을 묶은 것이다. 이상하리만치 원고 마감 날짜는 그 달에 가장 바쁜 날과 겹치게 찾아왔다. '없는 집 제사 돌아오듯' 하는 마감에 맞추기 위해 나는 한 달 동안의 내 경험 가운데 적절한 글감을 찾아 지면 위로 뽑아올렸다.

각각의 이야기는 조각난 사금파리같이 독자적으로 빛난다. 책 구성을 위해 그간 썼던 글을 모아 일독하며 다듬어보니 부서진 경험의 파편들이 합체하여 영롱한 빛을 내는 스테인드글라스 비슷한 느낌이 났다. 피로에 젖어 있는 이병곤. 초로에 접어든 시골 학교 교장의 몸을 투과한 빛이 여러 갈래로 다시 파열하며 세상에 말

을 건넨다. 독자들이 볼 때 이 책에 담긴 이야기는 누군
가에게 일어날 수 있는 일면적 사건이다. 다만 저자 입
장에서는 내가 직접 겪은 경험인 동시에 내 생각을 거쳐
나온 나만의 진실이기도 하다.

'칼럼을 써보지 않겠냐'고 권유한 이는 오랜 벗 고경
태 기자였다. 서해문집의 김선정 이사는 내게 출간을 제
안했고, 조야한 생각의 편린들이 세상 빛을 볼 수 있도
록 도움을 아끼지 않았다. 언어 감각이 탁월한 벗, 수운
님은 초고와 최종 원고를 다듬을 때 귀중한 조언을 해주
셨다. 무엇보다 제천간디학교에 감사한다. 특히 우리 스
무 명의 교사와 이백여 명의 학부모들께 늘 감사하는 마
음으로 지내왔다. 이분들의 전폭적인 지지와 믿음이 아
니었다면 나는 교육자로서 지금과 같은 자아 확장을 결
코 이루지 못했을 것이다. 학교의 운영과 유지는 간디공
동체 구성원들의 협력, 애정, 신뢰 그리고 헌신으로 이
뤄졌다.

끝으로 〈사단법인 간디공동체〉의 김명철 이사장, 제

천간디학교 설립자이며 초대 교장이었던 양희창 선생에게 각별한 감사의 말씀 올린다. 김 이사장과 양 선생은 지난 20여 년간 흔들림 없이 제천간디학교 곁을 지켰다. 앞이 캄캄할 때마다 나는 그들을 찾았다. 이 분들 앞에서만큼은 마음 툭 내려놓고 '응석받이'가 되었으며, 용기와 지혜를 내려받아 다시 개안開眼을 하곤 했다.

아직은 대안교육을 그만둘 때가 아니다. 대안학교에서 행하는 교육실험은 여전히 우리나라 교육을 바꿔갈 동력이다. 그곳에서 쌓은 귀중한 데이터를 전문적으로 분석하고, 창조적으로 변용할 때라야 대한민국 교육혁명의 씨앗이 싹튼다. 여기 담은 글들이 오늘도 어려운 걸음을 이어가고 있는 현장의 교육실천가들에게 소박한 징검다리라도 되길 소망한다.

2022년 9월
월악산 자락에서
이병곤

차례 —————————————————————————————————

투명한 유토피아
속에서
모래성 쌓기

,

접촉에 대하여

토머스 모어가 소설《유토피아》에서 그려낸 이상국가는 유리로 정밀하게 건축한 풍요로운 나라 같았다. 이 나라에는 착취나 부정의, 자원의 고갈, 사치, 경제적 불평등이 없는 것으로 묘사된다. 다만 아내는 남편에게, 연소자는 연장자에게 복종해야 한다. 모든 시민은 자기 마을의 회관에 모여 삼시 세끼 함께 식사를 한다. 사회적 약자는 보호되지만, 혼전 성교는 금지다. 마지막 페이지를 덮고 나서 내가 던진 첫 질문은 이랬다.

"멋지네. 그런데 나는 저 유토피아에서 살고 싶을까?"

대답은 망설일 필요 없이 "아니다"였다.

질문은 꼬리를 물고 일어난다. 나는 왜 '저런' 유토피아에서는 살지 않겠노라 마음먹었을까? 첫 번째는 실현 가능성에 대한 의심 때문이었으리라.《유토피아》제2권에서 정교하게 스케치하고 있는 이상국가의 면면은 상당히 그럴싸했다. 그런데도 선뜻 마음을 열 수 없었다.

둘째, 뭔지 모르겠지만 그 사회는 인간의 본성과 결이 맞지 않았다. 인간이 지닌 부정적이고 어두운 습성과 내면을 그렇게 간단히 무시할 수 있을까? 세 번째는 결국 나 스스로에 대한 의심이었다. 나는 이미 현대 자본주의 체제 아래서 소비하는 주체로 키워졌고, 그에 따라 '공동체 따위'를 버거워하는 한 조각 개인으로 존재하는 것이다. 의심할 줄 아는 능력과 잔꾀를 두루 갖춘 '주체'가 됨으로써 '태초의 순수'를 상실한 셈이다.

한병철은《투명사회》에서 디지털 미디어 사회를 철학자의 눈으로 분석한다.《투명사회》를 읽으면서 '유리로 만들어진 거대 도시 유토피아'를 상상으로 떠올렸다. 한병철에 따르면 누군가 존경을 받고 있다는 사실은 사람들과 떨어져 있는 '거리距離' 때문에 가능하다. 가까운 가족을 떠올려보라. 곁을 나누고 있는 사람을 존경하기란 어렵다. 또한 그 존경받는 사람은 분명 이름을 갖고 있다. 익명의 누군가를 존경하기는 어려울 테니까.

디지털 사회에서는 그런 거리와 유명세를 허용하지

않는다. 디지털이라는 판에서는 구경거리, 즉 화려한 볼 것들이 '거리'를 밀쳐내고 그 빈자리를 차지한다. 모든 이들은 관음증적 태도로 다른 모든 이들을 지켜본다. 그들이 가진 이름은 '익명'이다. 디지털 사회는 내밀하고 사적인 영역마저 노골적으로 전시한다. 부대낌, 불편 견디기, 상대방에 대한 끈덕진 설득의 과정을 생략한다. 페이스북이나 인스타그램 속 세상은 크리스털 유리로 조립한 디지털 유토피아와 똑 닮았다. 쾌적하고 세련되어 보이나 인간미를 찾아보기 어렵다.

내가 가르치고 있는 우리 학교 아이들은 2004년 이후에 태어났다. 스마트폰의 기술 변화에 발맞춰 신체가 성장 진화한 세대다. 아이들은 뭔가를 알게 되면 뜸 들여 삭이는 시간을 갖지 않고 바로 옆 친구에게 옮긴다. 그 내용이 좋은 것이든, 큰 파장을 일으키게 되는 사소한 비밀이든 상관없다. 다중지능 이론의 창시자인 미국의 심리학자 하워드 가드너의 표현대로 '앱 제너레이션'이 탄생했다. 포장된 자아, 위험 회피 성향, 불안감 증가

등이 그들의 특성이다. 인터넷과 스마트폰 기술이 투명 사회를 열어젖혔고, 앱 제너레이션은 그곳 주민으로 시민권을 얻어가고 있다.

디지털 투명사회가 불러올 비인간화 현상에 우리는 어떻게 대응해야 하는가? 유리성을 깨고 모래성이라도 지어야 한다. 땀을 흘리고, 촉각을 통해 자연과 타인을 느껴봐야 한다. 안 풀리는 인간관계 때문에 좌절을 겪어야 한다. 성장은 축복이며 저주다. 둘 사이의 변주 속에서 아이는 정체감을 형성하고, 건강한 자아를 소유한다. 코로나19 재앙이 우리에게 가르쳐준 것이기도 하다. 등교수업이 전면 중단된 시기, 아이들과 '접촉'하지 못한 채 고립된 교사들이 채운 공간은 배움터가 아니라 텅 빈 건물이었다.

작품 《유토피아》는 현실 사회에 대한 통렬한 비판을 펼칠 때 더 멋졌다. 주인공 라파엘은 이렇게 절규한다.

"현금이 모든 것의 척도인 한,
나라를 공평하고 행복하게
통치한다는 것은 불가능합니다.
삶의 최상의 것들을 최악의
시민들이 쥐고 있는 상황에서
정의란 존재할 수 없기
때문입니다."

그렇다. 어떻게 하면 최상의 것들을 시민들 손에 쥐여줄 것인가? 사람들이 투명한 유토피아를 향해 질주할수록 내 마음은 디스토피아로 줄달음친다. '비접촉' 시대에 교육을 살리는 '접촉'은 어떻게 복원시킬 것인가? 막막하다.

어느 시골 학교
교장의
'시간' 교육론

,

시간, 자유, 관계, 인성

우리 학생들은 대학 입학시험을 치르지 않는다. 중고교 통합 6년제 기숙형 비인가 학교다. 충북 제천시 최남단 산골에서 105명의 학생과 스무 명 남짓한 교사들이 살아간다. 시험 압박에서 벗어난 아이들이 커가는 모습을 지켜보는 일 자체가 내겐 참여관찰 교육연구나 다름없다. 결론부터 말하자면 대학입시는 참된 교육을 방해하는 고르디우스의 매듭과 같다. 단칼에 자르는 것만이 해결책이다. 손가락으로 풀어내기에 너무 복잡하므로.

아이들이 시험에 매이지 않을 때 학교로 찾아오는 첫 번째 손님은 풍족한 시간이다.

고3 아이들은 스스로 정한 기관이나 단체로 1학기 내내 홀로 사회체험학습을 나간다. 여러 교육 현장에서는 이를 두고 '인턴십을 통한 학습LTI: Learning Through Internship'이라 부른다. 동물권 보호, 여성운동, 지역자치, 청년 공동체 활동, 문화 기획 등 우리 사회에 선한 영향력을 끼치는 곳이라면 어디든 갈 수 있다. 어렵게 구한 사회체험학습 장소인 만큼 아이들은 출퇴근과 허드 렛일에도 열심일 뿐만 아니라 체험 현장에서 자신의 역 량을 뽐낼 수 있는 '개인 프로젝트'에도 열성적으로 몰 입한다. 가령 문화 기획 단체에서 1.5제곱미터 정도 작 은 공간을 내어주었을 때 그곳에서 사회체험학습을 하 는 학생이 자신의 소묘 작품을 2~3일간 열 점이라도 전 시해보는 것이다. 이처럼 '활동 안에서의 더 작은 활동' 을 일컬어 우리는 '개인 프로젝트'라는 이름을 붙였다. 학교 밖에 있는 멘토, 즉 사람이 지닌 전문성을 통해 세 상을 보고, 관계 맺음의 어려움 속에서 업무를 익힌다. 학교 담장을 넘나든 아이들은 넉 달 만에 속이 한 뼘씩 은 깊어져서 돌아온다. 학교를 떠나봐야 비로소 '공부' 를 완성한다는 역설이 성립하는 순간이다.

두 번째 손님은 자유다.

나를 비롯한 기성세대는 자유를 무시하거나, 모르거 나, 두려워하거나, 쓸데없는 것이라 여겨서 곁으로 밀쳐 둔다. 여러분들은 생기가 돌고, 호기심 넘치며, 겸손한

듯 당돌한 청소년들의 눈빛을 본 적 있는가? 나는 매일 보면서 산다. 교사들이 많이 가르쳐서 그런 게 아니다. 정반대다. 그들에게 시간을 많이 줬다. 시간이라는 동전의 뒷면이 곧 자유다. 그것을 선물받은 아이들의 첫 증상은 헤맴이다. 그러다 곧 균형을 찾는다. 책이나 동아리, 음악이나 자연 등 주변 세계로 몰입할 오솔길이 아이 앞에 나타난다.

세 번째 손님은 관계다.

형제자매 사이의 우애를 느낄 정도로 친구들과 깊이 사귄다. 물론 그 와중에 심리적 상처가 움푹하게 파일 때도 있다. 청소년기 6년 세월, 길다. 그 사이 아이들은 무수한 동굴과 굽은 길을 지나면서 타자와 싸우지 않고 공존하는 법을 깨쳐간다. 사람 사이의 관계를 익히는 일은 대패질 같다. 반듯하게 잘 갈린 날을 가지고 나무의 결을 살리도록 힘을 조절하여 당겨야 한다. 얄팍한 언어에만 의지해 하룻밤 만에 배울 일이 아니다. 삼강오륜은 모두 '인간관계'에 대한 옛사람들의 윤리의식을 강령으로 표시한 것 아니던가. 도덕 감정은 어려움 속에서 숙성 시간을 거쳐야 비로소 체득된다.

네 번째 손님은 균형 잡힌 인성이다.

독일어 '빌둥Bildung'이 여기에 해당한다. 철학과 교육이 개인의 태도에 녹아들어 총체적인 자기다움을 유지하는 상태를 의미한다. 교육을 통해 다음 세대를 이렇게 키웠다면 그 사람은 최고의 교사다. '됨'의 문제를 해결하기란 그처럼 어렵다. 조직 생활을 해본 사람은 안다, 동료의 인성이 얼마나 중요한지. '회사가 능력 때문에 당신을 고용했는지 모르지만 나는 당신의 인성 때문에 같이 일할 수 없다'고 외치고 싶을 때가 어디 한두 번인가.

시간을 누리면서 자유롭게 성숙하며, 평화로운 인간관계를 맺어가는 사람은 행복감을 느낀다. 지성과 덕성의 탁월함을 갖추어 윤리적 인간(=시민)으로 살아간다. 완벽하지는 않지만 우리 학교에서는 아이들을 그렇게 키우고 있다. 교사들 능력이 출중하거나 부지런해서가 아니다. 무의미한 경쟁교육에 아까운 시간을 허비하지 않기 때문이다. 시민들은 교육의 본질을 살려 다음 세대를 가르쳐보라고 우리 교육부에 2022년 한 해에만 84조 원의 교육예산을 아낌없이 내준 거다.

학교조직은 민족국가 형성기의 유산이었다. 이것은 세계 공통이다. 공장이 그랬던 것처럼, 학교 역시 놀랄 만큼 효율적으로 시간과 공간을 구획했다. 학생들이 그나마 이 체제를 무너뜨리지 않았던 이유는 그곳에 '친구'와 '점심시간'이 있었기 때문이다. 진심으로 교육혁신을 하고 싶은가? 그들에게 점심시간만 주지 말고, 선심 써서 '점심' 떼고 그냥 '시간'을 내어주시라. 정밀한 운영 시스템 관리자들, 그대들은 잠시 뒤로 빠지시라. 입시제도 폐기가 곧 교육 포기를 의미하지 않는다.

자유, 그거 생각보다 어렵지 않다. 돈도 들지 않는다. 시도해보시라.

모든 아이들을 위한
학교,
가능하다

,

잠시 멈춘 세상에서 맞이한
'철학의 순간'

교육제도는 아이들의 삶과 배움을 지원하기 위해 존재한다. 하지만 현실은 앞뒤가 뒤바뀐 채로 흐른다. 아이들은 제도의 그늘 아래 시들어간다. 진심으로 교육 변화를 원한다면 변죽만 울리지 말고 핵심을 치고 들어가야 한다. 두 가지에 주목해보자.

첫째, 모든 아이들을 위한 학교를 어떻게 만들어갈 것인가에 집중하라.

전국 유초중등 교육기관에는 586만여 명의 아이들이 재학한다. 교사는 49만 5천여 명이다(《교육통계연보》, 2022). 2022년 11월에는 50만 8030명의 대입 수험생들이 '하늘대학(SKY)' 입학 정원 1만여 자리를 포함해 상위권 대학 합격을 두고 경쟁을 벌일 것이다. 서열에서 밀려난 98퍼센트 학생들은 무력감을 느낄 수밖에 없다. 2022년 정부 예산의 19.1퍼센트인 84조 2천억 원을 공교육비로 사용하고 있음에도 공평하게 점심 급식을 제공하는 일 말고는 학생 대부분에게 좌절감만 안겨주고 있다.

이 역설을 뒤집기 위해서는 누구든지 자신의 성장 목표를 이루도록 학교교육 체제를 바꿔야 한다. 교육 당국의 숱한 연구보고서에 이미 나와 있다. 학생과 학부모들은 '인격체로서 존중받는 민주학교', '개인의 개성과 관심사를 중심으로 배우는 학교'를 선호한다. 이들의 요구를 실현할 학교를 만들도록 혁신해야 한다. 쉽지는 않겠지만 사례가 없지도 않다. 국가 도움 없이 풍찬노숙하며 새로운 교육문화와 교육방식을 자발적으로 일궈온 비인가 대안학교들의 실천이 대표적이다.

며칠 전 고2 아이들 다섯 명과 함께 '300단어로 도전하는 영어회화' 수업을 진행했다. 한 아이가 '화장실 가고 싶다'는 표현을 무척 독특하게 했는데, '그 정도면 화장실 못 가고 당장 실례해야 할 정도로 급한 것'이라고 말해줬더니 모두 깔깔대며 웃었다(아이들과 허리 젖혀 웃느라 기록으로 못 남겼는데 대략 'I want to pee'라 했던 것 같다. 영미권에서는 유아기 어린아이가 아니라면 이렇게 직접적으로

"수능 포기. 건들지 마요!"란
팻말을 세워두고 책상 위에 엎어져
있는 아이를 떠올려보라. 그 아이는
단지 시험을 포기했을 뿐인데,
왜 배움까지 멈췄을까?

말하지 않는다). 다 큰 녀석들 데리고 이제 겨우 초등영어 수준 말하기를 하고 있는 것 아니냐며 독자들은 비웃을 지 모른다. 그렇지 않다. 2021년 여름 무렵 줌Zoom으로 열린 국제 민주교육 세미나에 토론자로 초청되었던 우리 졸업생 한 명이 당당하게 자기 이야기를 영어로 표현 해서 눈길을 끌었다. 이 졸업생은 2022년 9월부터 태국 방콕에 있는 난민 법률조력 단체에서 일을 시작했다. 인생은 실전이다. 자기 삶을 펼쳐갈 때 영어나 기예, 인문학 등이 꼭 필요한 요소로 떠오르면 아이들은 배움에 굶주렸던 사람인 양 폭발적으로 학습량을 쌓아간다.

둘째, 아이들의 잠들어 있는 내면세계를 깨워 각자 공부해야 하는 이유를 찾도록 한다.

오늘날 한국에서 학교는 배움으로부터 가장 안전한 도피처가 되었다. "수능 포기. 건들지 마요!"란 팻말을 세워두고 책상 위에 엎어져 있는 고3 아이를 떠올려보라. 감히 누가 그 상처 입은 영혼을 흔들어 깨울 수 있으랴. 그 아이는 단지 시험을 포기했을 뿐인데, 왜 배움까

지 멈췄을까? 시험 바깥에 존재하는 배움을 경험한 적
이 없던 탓이리라.

우리는 대개 교실 바깥이나 학교 밖에서 삶의 디테일
을 배운다.

> "우리들은 교사의 개입 없이도
> 말하는 것, 생각하는 것, 사랑하는
> 것, 느끼는 것, 노는 것, 저주하는 것,
> 정치에 관여하는 것, 그리고 일하는
> 것을 학습했다."

《학교 없는 사회》의 저자 이반 일리치가 오래전 했던
말이다. 아이들은 알기 원한다. 그것을 왜 배워야 하는
지, 자신에게 도전할 만한 가치가 있는 것인지, 그것을
해낼 만한 시간이 충분한지, 그 배움이 자신의 삶과 얼
마만큼 연관이 깊은 것인지. 기성세대와 제도는 배움의
목적을 말해주지 않거나 학생이 시도할 마음이 생길 때

까지 기다려주지 않고, 시험이라는 판관부터 들이대며
다그친다.

나는 보았다. 무너진 가정과 학교의 싸늘한 눈 흘김
사이에서 자존감을 잃고 공부의 이유를 상실한 어린 영
혼들을, 그들을 뒤늦게라도 돌보고자 마련한 전국의 '위
탁형 대안교육기관'과 '공립 대안학교' 및 숱한 'WEE 센
터'들을, '영혼을 끌어모아' 분투하느라 스스로의 마음
에 큰 생채기를 안고 하루하루 버티는 도시형 비인가 대
안학교 현장의 교사들을.

이번 코로나19 사태는 우리 교육 현장의 민낯을 그
대로 드러냈다. 학교는 두 개의 '대란' 앞에 직면했는데,
돌봄과 대학입시 문제가 그것이었다. 긴 가정학습 기간
동안 '학교 급식과 친구들이 그립다'는 학생들의 반응은
많이 봤지만 '교과 지식이나 선생님과의 교감에 목말랐
다'는 증언은 발견하기 힘들었다. 자본이라는 수레바퀴
가 코로나19라는 이물질 때문에 잠시 멈춘 사이 세상의
기반은 크게 흔들렸다. 덕분에 우리는 짤막한 '철학의

순간'을 맞았다. 미래가 불투명한 시대에 학교는 왜 존
재하는가? 모든 아이들의 성장을 보장하는 행복한 교육
체제를 구체화해보자. K-교육, 불가능하지 않다.

상상하고 실천하자,
인간 본성
그 너머를

,

'고결한 야만인'이라는 존재

존 레넌은 자작곡 〈이매진〉에서 노래한다.

"나라가 없다고 상상해보길. 그건 어렵지 않지. 나라를 위해 죽거나 죽이는 일도 없어."

얼핏 사랑노래 느낌을 주는 음악이지만, 가사 전체를 새겨보면 이 곡만큼 '속삭이는 칼날'을 아름답게 숨긴 노랫말은 찾아보기 어렵다.

어릴 적에는 인간의 본성이 선하다고 생각했다. 그러다가 청소년기에 전혀 다른 나를 만났다. 내 행동은 사회가 바람직하다는 기준 안팎을 넘나들며 삐걱댔다. 죄책감과 부정적 자아 인식이 뒤따랐다. 시간이 흐르며 경험과 지식을 쌓아갈수록 인간 본성을 선악으로 명확하게 나눌 수 없겠다는 판단이 들었다. 인간은 경쟁이나 협동이라는 한 가지 속성만 타고나지도 않았다. 홉스의 성악설은 물론, 인간의 공격성과 경쟁 본성을 용인하는 데즈먼드 모리스의 학설까지 모두 지나치다. 반대로 인간의 사회적 연대와 상호부조 행동을 자연법칙으로까지 바라본 크로폿킨의 견해를 그대로 따르고 싶지도 않다.

사람의 본성을 규정할 때 여러 사상가들은 자연의 특성을 참조한다. 자연을 보라, 적자適者가 생존하지 않는가. 아니다. 자연의 다른 면을 보라, 상호부조는 인류 이전 모든 동물의 본능이자 자연법칙 아니었는가. 이 같은 밑그림 위에 갖가지 사례, 법칙을 담는다. 수백 쪽에 이르는 이론서를 지어 사람들 앞에 내놓는다. 설득되지 않을 재간이 없다. 그런 면에서 모든 이론은 체리 피킹cherry picking이다. 한 나무에 달린 열매 가운데 가장 번듯하고 손쉬운 것만 따서 광주리에 모으는 행위 같으니까.

교육 현장에서 아이들을 지켜보면 인간 본성 이론의 허술함이 드러난다. 성장 과정을 이제 막 통과하고 있는 대부분의 아이들은 루소가 적확하게 표현한 대로 '고결한 야만인Noble Savage'의 모습 그대로다. 인간의 양면을 모두 품어 안지 않으면 교육자로서의 자리를 잃는다.

교장 노릇을 시작한 첫해(2017년) 어느 날 새벽 1시쯤이었다. 밀린 원고 쓰느라 머물던 교장실. 여닫이문이

느닷없이 스르륵 열렸다. 고2 남학생 C가 꾸벅 인사를 했다. 그의 등 뒤로 저학년 후배 녀석들 두세 명의 실루엣이 어른거렸다.

"곤쌤, 저희들 밤에 배가 고파서 식당에 밥 좀 먹으러 내려왔습니다. 규칙 위반인 거 알지만 간장에 밥 비벼 먹고 깨끗이 치운 뒤 빨리 기숙사 복귀할게요."

녀석의 눈빛이 내 눈과 10초 동안 부딪쳤다. 그 사이 내 머릿속엔 갖가지 생각이 스쳤다. '아, 저 도저한 습관성 배고픔을 어찌할 것인가.' '내가 여기 있는 줄 꿈에도 모르고 호기롭게 후배들 이끌고 기숙사에서 내려왔을 C의 체면은 어떻게 하지?' 나는 이렇게 답했다.

"난 네가 누군지도 모르겠고, 지금 내 눈에 보이지도 않아."

"고맙습니다, 쌤!"

C는 순수한가, 영악한가, 또는 지나치게 솔직한가, 그 것도 아니면 눈치 없는 아이인가? 나는 인정 많고 따뜻한 성품을 지닌 교장인가, 아니면 원칙 없는 동시에 불

공정하고, 부정직하며, 분별력 없고, 학생 안전에 불감증인 불량 교육자인가?

교육실천이 회전교차로 같은 방식으로 깔끔하게 이뤄졌으면 하는 바람이 때때로 일어난다. 운전자가 십자형 갈림길을 안전하게 통과하기 위해서는 아주 간단한 두 가지 규칙만 지키면 된다. (1) 회전하고 있는 차량이 우선이다. (2) 교차로 진입 차는 왼쪽을 살피며 회전하는 차가 없을 때 들어선다. 회전교차로를 공중에서 촬영한 영상을 보면 어떻게 차들이 서로 안 부딪치고 신호등 없는 갈림길을 지나는지 예술적이기까지 하다. 간단한 원칙 지키기와 멋진 결과물. 회전교차로에는 체리 피킹이 없다.

그렇다. 왜 인간의 시선으로 자연을 해석하려 드는가? 자연은 자연일 뿐이다. 아이들을 왜 규칙으로 옭아매고, 인간 본성에 꿰맞춰 가르치려 드는가? 아이들은 아이들일 뿐이다. 자본주의 체제가 들어선 이후 국가가 만든 학교교육이 나타났다. 단순미와 기능미, 소박함이

매력이었던 '교육에서의 회전교차로'를 짓뭉개고 들어 섰던 것이다. 근대 국가는 자연과 인간의 본성을 경쟁과 적자생존 원리에 바탕을 두어 해석했다. 그 사명에 충직한 교육기관을 만들다 보니 학교는 규율권력이 작동하는 비인격적 효율 체제로 변모한 것이다.

> '학교가 없다고 상상해보길. 그건
> 어렵지 않지. 두려움이 사라지고
> 배움이 돌아올 거야.'

존 레넌이 살아 있다면 내가 쓴 이 가사를 〈이매진〉 4절로 사용해주길 부탁하고 싶은 심정이다. 독자 '여러분은 내가 몽상가라고 생각할지 모른다. 하지만 나는 몽상가가 아니다. 언젠가 그날이 올 것*'이라 믿으며 오늘도 대안교육 현장을 지키고 있는 시골 학교 선생이다.

* 존 레넌의 〈이매진〉 가사 가운데 후렴구이다.

깨지 못한 신화,
시험을
다시 들여다본다

,

'터널 시야'에서 벗어나기

대학수학능력시험 영어 문제지를 검색해 내려받았다. 70분 안에 정답 고르기가 쉽지 않아 보였다. 30번 문제가 유독 기억에 남는다. 형식만 영어 시험이었지 지문 내용은 미국의 논리학 기초 교재에서 뽑은 듯 여겨졌다. 수험생들이 말하는 '킬러 문항'이 아닐까 추측된다. 실제로 수능 수학 시험에는 정답률 2퍼센트라는 '진짜 킬러 문항'이 존재한다. 오로지 등급을 가르기 위해서 출제한 고난도 문제를 이른다. 2015년 전국 고교생 가운데 수학 포기자 비율은 59.7퍼센트라 한다. 킬러 문항과 수포자. 기괴한 병존並存이다. 과목별로 고난도 문제들의 정답 찾기에 최적화되려면 우리 수험생들은 얼마나 학업에 매진해야 할까? 간만에 수능시험 한 과목을 풀어보니 특별훈련을 받은 선수만 오를 수 있는 이종격투기 케이지 속을 잠시 잘못 들어갔다 나온 느낌이다.

문득 수십 년간 운전 잘해온 사람들에게 운전면허 실기시험을 다시 보게 하면 합격률이 과연 얼마나 될까 궁금해졌다. 질문은 꼬리를 잇는다. 세상에서 가장 중요한 부모 역할은 시험으로 부여받았던가? 시험은 과연 사람의 능력을 올바르게 평가하는 도구인가?

　사회의 여러 조직에서 일하고 있는 우리 모두는 경험으로 알고 있다, 직장에서 만난 사람들의 능력, 성실성, 진실함은 대학 서열과 별 관계가 없다는 사실을. 그럼에도 우리는 열아홉 살 즈음에 입학하면서 결정된 '대학의 명칭과 서열'이 자신의 평생을 좌우하도록 방치한다. 대학 이름을 획득하여 지대地代를 창출하는 셈이다. 돈을 모아 처음 땅을 사기는 어렵지만 일단 한번 구입한 이후에는 안정적으로 임대료를 받을 수 있다. 자산 개념으로서의 대학 이름은 상위권일수록 높은 지대 수입을 보장한다.

　문제는 누가 이 지대를 더 쉽게 취득하느냐다. 2020년《한국사회학》학술지에 발표된 김창환·신희연의 연구에 따르면 계층 10분위 가운데 1분위씩 높아질 때마다 엘리트 대학에 입학할 확률이 1~1.5퍼센트씩 올라가는 것으로 드러났다. 이러한 경향은 수능, 내신, 논술 점수의 반영 비중을 어떻게 바꾸든 상관없이 유지된다고 했다. 즉, 시험 제도는 결코 우리가 믿는 수준만큼 공정하지 않다.

그럼에도 우리 국민 대다수는 시험에 관한 한 '터널 시야'를 가지고 있다. 그만큼 폭 좁은 신화를 가슴 깊숙이 품고 산다.

"애들은 정기적으로 시험이라도 쳐야 겨우 공부한다. 국영수사과는 배워야 기초학습을 다질 수 있지. 시험과 경쟁으로 이나마 산업화를 했고, 선진국 반열에 올랐다. 누가 뭐라 해도 시험은 공정한 선발 체계다. 학력은 곧 국가 경쟁력이며, 시험은 그것을 검증하고 유지하는 수단이다."

대학 입학시험을 객관식 선택형 문제로 운영하는 나라는 극소수다. 대부분 주관식 논술형으로 출제한다. 과목별 총점을 합산하여 입시 사정자료로 삼지 않고, 내신 성적을 등급으로 비교 평가하여 산출하지 않는다. 국가 수준의 교육과정 도달 목표를 중심에 두고 개인별 학점을 부여하며, 그 과목별 기록을 대학입학 면접 심사 때 참고하거나 활용한다. 그뿐이 아니다. 공무원, 교사, 대기업 신입 직원을 선발할 때 시험으로 뽑지 않는 나라가 훨씬 더 많다. 객관적인 시험 성적이나 자격증 유무보다는 채용 인터뷰 그 자체가 훨씬 더 중요하다. 요즘 '뜨는' 교육기관인 미네르바 스쿨의 스티븐 코슬린 학장은 이렇게 말했다.

"학생들에게 필요 없는 능력이 있어요. 바로 시험 보는 능력입니다. 졸업 후에 시험 볼 일은 그렇게 많지 않아요."

우리 학교 고3 아이들 열여덟 명은 수능을 28일 남겨둔 날부터 나흘간 학교 밖 특정 장소에서 숙식을 함께하며 '인문학 캠프'를 열었다. 두세 명씩 짝을 지어 하나의 모둠을 만들었다. 이들 모둠은 종교, 제2차 세계대전, 대학, 페미니즘, 환경 분야를 주제 삼아 수개월 동안 자신들이 학습한 내용을 중심으로 청중 앞에서 발표한다.

학습량이나 표현력에 따라 발표문의 수준은 제각각이지만 공통된 것이 하나 있다. 자기의 의식이 성장한 만큼 스스로의 소신을 진솔하게 보여준다는 점이다. 이 과정은 시험이나 자격증과 아무 상관이 없다. 타인이 정한 기준에 휘둘리지 않고, 자기 속도로 자기의 관심 분야를 파고들어 가본다.

시험은 특정 시기의 능력 지표를 부분적으로만 드러낼 뿐 수험자의 총체적 성장을 보증하지 않는다. 경쟁을 배경으로 획득한 학습자의 성실성은 오래 지속되지 않는다. 그것은 스피드 카메라 촬영 범위만 벗어나면 곧장 과속으로 치닫는 우리의 운전 습관을 쏙 빼닮았다. 우리 모두 그 사실을 직관적으로 알고 있음에도 시험의 영향력을 줄이기란 어렵다. 뾰족한 대안 없이 표류하는 사이, 수능시험이 벌써 코앞에 다가왔다.

당당한 무학력자들을
능력주의
사회로 보내며

,

'고등정신기능의 기원'을 생각한다

이번 주말 졸업 예정인 고3 아이들과 1시간가량씩 개별 면담을 했다. 업무 시간 짬짬이 열여덟 명의 예비 졸업생들과 이야기를 나누려니 꼬박 일주일이 걸린다.

"OMR 카드에 답 쓰는 거 처음 해봤어요. 신기하더라고요."

중학 과정 검정고시를 보았던 아이의 말이다. 아, 그렇구나. 비인가 대안 초등학교를 졸업해서 역시 비인가인 우리 학교에 입학한 다음 검정고시를 하나도 안 치르고 졸업한다면 그 아이의 최종 학력은 '무학'이다.

"생전 처음 그런 시험 치러보니까 재미있더라고요. 더 준비해서 고등학교 과정도 해볼 거예요."

2020년 한국 고교 졸업생의 대학 진학률은 경제협력개발기구OECD 1위인 72.5퍼센트. 이런 사회에서 우리 아이들은 확실한 비주류다. 우리 학교는 입학생을 뽑을 때부터 대학입시와 관련된 그 어떤 준비나 도움 활동을 하지 않는다고 학부모들에게 강조한다. 진학을 반대하는 것이 아니다. 우리가 설정한 교육과정 목표에 집중하고자 함이다. 고교 3학년 아이들은 1학기 4개월 동안 자신의 관심사와 연관된 기관이나 단체 등에서 개별적으로 사회체험학습을 이행한다. 2학기에는 스스로 공부한 주제를 중심으로 교외에서 발표와 토론을 펼치는 일주일간의 '인문학 캠프'를 기획 진행한다.

진정한 교육의 힘은 무엇을 과도하게 하는 것보다 과감하게 안 하는 데서 나온다. 의지를 발휘해서 무엇을 하는 것만큼이나 자기 판단 아래 무엇을 안 하는 것 역시 소중하다. 능력주의 사회meritocracy와 맨몸으로 부딪힐 아이들에게 졸업 면담 중 나는 이렇게 말했다.

"2019년에 우리나라 4년제 대학을 중간에 그만둔 자퇴생이 5만 4천 명이야. 그들의 애초 선택은 진정 누가 내린 것이었을까? 너는 이제부터 네가 진짜 하고 싶은 일을 선택해봐. 그것이 모여 참 너를 만들어갈 거니까."

학기 중에 기숙사 생활을 하므로 아이들은 24시간 친구와 선후배들하고 붙어 지낸다. 정확히 말하면 '지

지고 볶는다'. 성장기에 홀로 맞이하는 감정의 격랑만
해도 감당하기 어려운데, 곁에 그런 아이들이 수두룩
하다. "관계를 통해서 모든 것을 알게 됐어요. 지내놓고
보니 거기에 배울 게 다 들어 있던데요." 첫 입학 직후
친소 관계에 따라 정서적 공감대의 진지를 쌓고, 그 과
정에서 패가 여럿으로 나뉘어 갈등을 겪는다. 중학교 2
학년이 지날 무렵이면 서로 싸우지 않고 지내는 방법을
터득한다.

　나를 들여다본다. 나는 누구이며 어떻게 지금의 내가
형성되었는가? 내가 만났고, 나의 경험을 거쳐간, 또는
현재에도 맺고 있는 사람들과의 관계가 결정結晶된 실
체, 그것이 '나'인 것이다. 고 신영복 선생은 일찍이 〈서
도書道의 관계론〉에서 이렇게 짚으셨다.

　"한 '행行'의 잘못은 다른 행의 배려로써, 한 '연聯'의
실수는 다른 연의 구성으로써 감싸려 합니다. 그리하여
어쩌면 잘못과 실수의 누적으로 이루어진, 실패와 보상
과 결함과 사과와 노력들이 점철된, 그러기에 더 애착이

가는, 한 폭의 글을 얻게 됩니다."

졸업을 앞둔 아이들의 짧은 증언에서 러시아의 심리학자 레프 비고츠키가 간파한 '고등정신기능의 기원'을 떠올린다. 그에 따르면 인간이 자라면서 얻는 모든 지식, 개념, 실천적 기능들은 사회 속에서, 즉 사람들과의 관계 속에서 형성된 것이며, 각 개인은 사회적 상황에서 먼저 그것을 접촉하게 된다. 이처럼 인간의 발달은 사회적 국면에서 개인적 국면으로 전화되는 과정을 밟으며 진행된다. 사회적 관계로부터 개인 정신의 본질이 형성된다는 것이다. 프로이트가 '내 안에 나도 모르는 내가 있다'고 설파했다면, 비고츠키는 '나를 만든 수많은 내가 내 밖에 있다'고 주장한 셈이다. 관계 맺는 힘을 키우는 가장 빠른 방법은 직접 관계를 겪어보는 것이다. 현대 한국 교육의 비극은 청소년들에게서 그러한 관계 맺음의 기회와 시간을 박탈하고 있는 가정, 사회, 학교에서 시작한다.

졸업하는 친구들아, 다른 사람들에게 넉넉하게 마음

자리 내주는 일, 서로 협력해서 어떤 프로젝트를 완성해내는 일, 갈등하는 당사자들 다독거리면서 판이 깨지지 않도록 보살피는 일, 스스로 생각하기에 미안한 일 저질렀으면 먼저 사과하는 일들 말이다. 지금까지 살아보니, 그처럼 중요한 능력에는 이상하게 자격증이 없더라. 그러니 국가공인 학력 없다고 위축되거나 불안해하지 말고, 당당하게 너희 삶을 펼쳐나가렴.

"으음, 뭐 당장 이번 겨울에는 운전면허 '시험'부터 보려구요."

아이들 열에 일곱은 졸업식 직후 하고픈 일이 이것이라 했다. 얘들아, 그 면허 시험보다 훨씬 어려울 인생 운전은 더 잘해주길 바라. 이미 너희는 삶을 이끌고 갈 무형의 자격증을 마음에 가졌어.

내 정서의 살점을
꼬집는 코르차크의
'아이들'

,

"살아 있다는 게 너무 행복해"라는 말

어린이를 알려고 하기 전에 자신을 먼저 알려고 애쓰세요.
어린이는 다만 희망으로 존재하는 것이 아닙니다. 이들은
지금, 여기 이미 존재합니다.

안다. 그리고 받아들인다. 아이는 내 눈앞에 실존하
고 있는 생명체다. "쌤, 그건 당연히 학교가 해줘야죠."
지금, 여기 존재하는 아이의 날카로운 말 한마디에 교
사는 가슴을 베인다. 현장에서 만나는 아이들 하나하나
는 추상적 언명 대상이 아니라 살아 움직이는 구체적 현
실이다. 하루는 믿음을 주었다가 며칠 뒤 언제 그랬냐는
듯 그것을 철회하는 모습을 보여주던 아이들을 어떻게
대해야 할까? 애써서 보여준 배려를 두고 어떤 아이가
그것을 '가부장적 온정주의'로 해석할 때 선생은 어떻게
반응해야 할까? 나는 그 아이들의 어떤 면을 알지 못하
며, 나 자신의 어떤 특성을 몰랐던 걸까? 알기 힘든데 알

아보라 말했던 위 발언의 당사자는 자신이 감당해야 했던 어려움을 무엇으로 돌파했을까? 그게 참 궁금하다.

아이의 영혼도 어른만큼이나 복잡합니다. 생각하기 싫어하는 사람들만 다양성을 싫어합니다. 이미 아이 안에 있던 것이 드러나기 시작한 것입니다. 원래 없었는데 새롭게 생겨난 것은 아무것도 없습니다.

좋다. 어른과 아이의 영혼 모두 복잡하다는 사실은 대안학교 현장 교사들이라면 온몸으로 이해한다. 그럼에도 어른과 아이가 학교에서 선생과 학생으로 만날 때는 제도, 문화, 관습, 지식 체계로부터 완전히 자유로운 가운데 대등한 정서적 평등을 유지하기가 무척 어렵다. 학교는 시간과 공간을 함께 쓰는 장소다. 그곳에 깃든 이들의 욕망, 실수, 변심, 일탈, 무심, 원칙주의 등 다양한 심리적 층위들이 발산하고 중첩되는 공간이 바로 학교다. 나는 생각하기 좋아하고, 다양성을 존중한다. 하지만 내가 감당할 수 있는 한계까지만 그렇다. 아이의 내면에 잠재되어 있던 재능과 성장 욕구가 뿜어져 나오길 기대한다. 하지만 내가, 혹은 학교가 지원하고 도와줄 수 있는 수준까지만 그렇다. 딱 여기까지다. 그런데 위 발언의 당사자는 그 한계점을 뛰어넘어 자신의 존재 자체를 아이들에게 모두 쏟아부었다. 망설임 없는 행동으로 평범한 교사의 한계선을 간단히 초월해버린다.

아이가 눈과 입에 웃음을 띨 때는 이렇게 말하는 것입니다. "살아 있다는 게 너무 행복해." 아이는 숨을 죽이고, 유심히 바라보고, 기다리며, 관찰하고 있었던 것입니다. 어른들은 유리한 패를 쥐고 어린이와 카드놀이를 합니다.

찔린다. '유리한 패'를 잡고 있는 사람이 어른인 것, 선생인 것 맞으니까. 아이들이 뭔가로 인해 행복해하는 모습을 바라볼 때뿐만 아니라 그들의 엉뚱한 행동, 기발한 제안, 갑작스러운 성장을 접할 때 교사로서 커다란

기쁨을 누린다. 단, 내가 그 유리한 패를 여전히 잡고 있다는 확신을 가지면서 선생으로서의 보람을 맛보고 싶을 뿐이다. 교육이란 어쩌면 그런 유형의 카드놀이인지도 모른다. 아이들은 그 놀이에서 어른들과 '함께 놀아주는 척'하면서 우리가 모르는 진짜 성장을 이미 다른 곳에서 수행하고 있을지 모른다. 위 발언의 당사자는 일찍부터 그 사실을 간파했으리라.

감정과 정서는 한정된 자원이다. 돌봄과 교육 노동 분야에서 그런 특징이 두드러진다. 어느 한 사건, 한 사람과의 관계가 심하게 비틀어지면 모든 아이들에게 골고루 분배해야 할 정서 자원을 대부분 소진해버리고 만다. 그러다 문득 상대적으로 적게 사랑받은 자기 반 아이들 얼굴이 눈에 밟힌다. 교사는 이중으로 도덕적 책임을 느끼면서 무력감과 자책에 시달린다. 한 학년도를 마무리한 지금, 나도 예외가 아니었다. 내 감정에 살집이 있어서 누군가 그것을 세게 꼬집는다 해도 아무런 통증도 못 느낄 상태로 지쳐서 방학을 맞았다. 지푸라기라도 잡고 싶었다. 다시 그의 책을 집어 든 이유다.

감정이라면 아이가 어른보다 더 강하게 느낍니다. 아직 억제하는 것을 익히지 않았기 때문이죠. 지성이라면 적어도 어른들과 동등합니다. 아이들은 언제나 새로운 경험을 추구하기 때문이지요.

그는 의사이자 작가였고, 폴란드 전쟁 역사의 최대 피해자인 가난한 아이들의 아버지이기도 했다. 유대인 고아원 원장으로서 아이들의 미소, 눈물, 홍조를 관찰하는 교사가 된다. 어린이는 '비로소' 인간이 되는 것이 아니라 이미 하나의 인간임을 온몸으로 증명한다. 독일 나치스는 그를 가만두지 않았다. 1942년 8월, 200명의 아이들 손을 잡고 기차에 오른다. 트레블링카 수용소의 가스실에서 학살될 때까지 아이들 곁을 지킨다. 위 발언들의 당사자, 그의 이름은 야누시 코르차크(1878~1942)이다.

세계 대안교육의 산 역사,
서머힐
100주년

,

무엇을 가장 적극적으로 '안' 할 것인가

2021년 8월 영국의 서머힐이 개교 100주년을 맞았다. 《서머힐》을 읽고 떨리는 가슴을 진정하기 어려웠던 때가 36년 전 어느 사범대학의 2학년에 재학 중이던 봄날이었다. 세월이 흘러 지금 나는 한 대안학교의 교장 노릇을 하고 있다. 현장에서 어려움을 겪을 때마다 틈틈이 《서머힐》을 펼쳐 들고 설립자 A. S. 닐의 목소리를 더듬는다.

서머힐은 잉글랜드 동부 레이스턴이라는 작은 읍 외곽에 자리한 기숙형 사립 대안학교다. 6~16세 학생 80명 내외가 재학 중이며, 아이들에게 자유를 선물로 주는 행복한 자치공동체 형태로 운영한다. 서머힐의 실천은 세계 여러 대안학교의 설립과 운영에 깊은 영감을 던져주었다.

서머힐은 1990년대 한국 대안교육 형성기부터 지금까지도 큰 영향을 끼쳤다. 학생과 교사가 한 표씩 동등하게 투표하는 학교 총회, 규칙 제정과 개정권을 갖는 학생자치, 시험과 경쟁이 없으며 학생이 수업 참여 여부를 결정하는 체제 등이 대표 사례다. 이런 특징은 '타인의 권리를 침해하지 않는 한 내가 어떤 일을 하든지 그것은 내 자유다'라는 원리로 집약된다.

서머힐의 특성은 학교 내 '제도'로서 비교적 손쉽게 우리 시야로 들어온다. 다만 그것을 작동시키는 원리라할 닐의 '아동관'은 여전히 내게 숙제로 남는다. 닐에 따르면 어린이는 태어날 때부터 그 본성이 슬기롭고 실제적이다. 만약 어른들이 아이의 본성 발현을 간섭하지 않고 그대로 놓아둔다면 아이는 자기가 이를 수 있는 최대 한도까지 성장해나갈 것이다. 닐은 끝까지 믿었다, 어린이는 결코 악하지 않고 선한 존재라는 사실을.

이 지점이 어렵다. 대안학교 현장을 지키다 보면 자꾸 '선생 본능'이 작동한다. 내가 조금만 도움을 주면 아이가 더 바람직하게 성장할 것 같다. 언제까지 지켜보아야 아이의 내면 의식이 깨어날 것인가? 기다림의 끝을 상상하기 어렵다. 그러다 문득 이렇게 바라본다. 인간은 선과 악이라는 본성 없이 그냥 백지상태로 태어나는 것 아닐까? 아이가 태어난 후 어떤 영향이 백지에 더 많이 작용하느냐에 따라 사람은 변화되는 것 같다. 선생인 나는 어떻게 하든 아이에게 더 선한 영향력을 끼쳐야 한다는 도덕적 강박관념이 잇따른다.

경험의 축적만 가지고서 교육적 개념은 발생하지 않는다. 우리는 부모와 사회, 교육제도의 영향으로부터 완전하게 분리된 아이의 본성을 본 적이 없다. 그렇기에 닐은 '사고실험'을 통해 인간의 선한 본성에 대한 신념을 완성했을 것이다. 물론 그의 논지를 읽어보면 자신의 학습과 경험을 통해 본인의 본성론을 입증한다.

"심심해서 어쩔 줄 모를 때 도서관에 들어가 책을 들면 몇 권씩 연이어 읽었다. 그러다 책 읽기가 시들해지면 다른 것을 찾아 나섰다."

서머힐에서 9년 재학했던 한국인 채은 씨는 자신의 성장 기록에서 이렇게 적고 있다.

"심심했던 탓에 책 읽기에 이어 글쓰기, 피아노 연주, 테니스, 연극까지…. 서머힐에서는 계속 무엇인가를 찾아 나서게 되었다. '심심함은 중요하다. 별걸 다 하게 만들기 때문이다.'"

우리 인간의 본성에는 실제에서 선함을 실행하려는 속성, 스스로 마음 내어 무엇인가 하려는 자발성이 붙박여 있다. 이런 본성을 긍정할 때 진정한 성장이 따른다. 내가 가진 바람이나 욕구들은 괜찮은 것이고, 내 삶의 과정에서 실현해도 되는 것이라 믿을 때 인간은 비로소 자기 자신으로서 살아간다.

인간주의 심리학자 칼 로저스는 "자기 자신이 된다는 일은 유기체 수준에서 존재하는 복잡하고 다양한 느낌이나 성향들에 대해 신뢰하고, 그에 대한 애정이 높아지는 것을 의미한다"고 말했다. 서머힐을 통한 닐의 교육

실천은 현대를 살아가는 우리에게 학생 개인의 교육적 성공을 위해 '무엇을 가장 적극적으로 안 할 것인가'를 사유해보라 권한다.

　창의력도 국가 경쟁력의 한 항목으로 측정되는 시대다. 경쟁교육에서 살아남으려 발버둥 치느라 아이들의 원형 탈모 증상이 늘어나는 시대이기도 하다. 이러한 때 닐의 소극적 교육론은 '가장 근원적이면서도 과격한(radical)* 언명으로, 한국의 현 교육체제에 깊은 울림을 전해준다.**

---

*　'래디컬'의 라틴어 어원은 'radix'로, 급진적이라는 의미와 근본적이라는 뜻을 동시에 가지고 있다.

**　서머힐 100주년 기념 관련 자료 참조: www.100yearsofsummerhill.co.uk.

자기 인생을
직접 운전하며
배워라

,

운영지능과 인성 교육(?)

인생이 고달픈 이유는 사람 사이의 관계가 얽혀서다. 특히 청소년들에게 친구 사이의 관계는 거의 모든 것이다. 다른 사람들이 나를 어떻게 생각하고 있는지 몹시 예민하다. 관계가 흔들리면 주체가 불안정해진다.

정서적으로 안정된 아이들은 자기 자신과 주변 세계에 대한 확신이 있어서 스스로 역량을 키우고 발전의 토대를 찾아 나서는 일에 집중한다. 작은 성취라도 얻게 되면 스스로 가치 있는 존재라 여기며, 자신에 대한 신뢰가 절로 높아진다. 재능 발견과 행복감 충족은 자아 신뢰감을 쌓게 만들어 정서의 선순환 구조를 이룬다.

교사가 난감한 순간은 학생과 학생 사이의 관계가 심하게 뒤틀려서 서로를 불편하게 느낄 때다. 감정에는 정답이 없는 것이어서, 이럴 때는 제3자의 개입과 조정이 불가능하다. 기숙학교에서는 안전지대로 피할 시간이나 공간이 없다. 갈등 당사자와 대면해야 하니까. 아이들은 '살아야 하겠기에' 시간이 걸려도 어떻게든 풀어낸다.

타인의 정서를 읽고 이해하며, 해결 지점까지 불편한 시간을 견디는 일도 엄청나게 큰 공부다. 이때 적절한 갈등 해결 의식儀式이나 절차를 학교가 마련하면 감정에 대한 자기 객관화를 이뤄가는 데 도움이 된다. 우리 학교에서는 학생들이 구성한 '평화정착위원회'가 이 일을 맡는다.

일반 학교에서 감정이나 정서 문제는 골치 아픈 '일감'이다. 빠른 속도로, 많이, 경쟁적으로 학습해야 하는 상황에서 그것은 애물단지다. 우리 학교에서는 관계 풀어내기 과정을 시간을 두고 천천히 겪게 한다. 갈등 해결 과정을 온전히 지켜보면 호기심과 학습동기가 자극되는 현상을 관찰할 수 있다. 중3 때 반드시 제출해야 하는 논문은 기획에서 작성까지 9개월 정도 걸리는 긴 프로젝트다. 지난 몇 년 사이에 학생들이 선택한 주제 가운데 몇 가지를 예시해보면 다음과 같다.

세 친구들과의 관계를 담은 안무 창작하기, 다양한 가족 형태를 담은 그림책 만들기, 나의 감정이나 관계에 대한 포토 에세이 쓰기, 내 친구들의 초상화 그리기, 학교 구성원들의 관상을 봐주고 마음 북돋워주기….

관계 따로, 공부 따로 놀지 않는다. '실전'을 통해 인생을 배운다. 논문도 현재 생활의 관심사를 반영하면서 지금 내가 당면한 문제를 해결하는 수단이 된다. 어떤 주제를 깊이 있게 배우는 심화학습의 한 요소로 '자기주도학습'이 빠지지 않는다. 이 뜻을 설명하는 영어 표현이 쉬우면서도 의미심장하다.

"학생 개개인을 운전석에 앉혀라Put each student in the driver's seat."

아무도 대신 운전해주지 못한다. 불안정성과 위기감을 고스란히 겪어봐야 스스로의 인생을 운전할 수 있다. 결국 그게 곧 심화학습이 될 터이고.

발달기 청소년들 마음속에는 여러 가지 본능이 좌충

우둘한다. 애착, 탐구, 도피, 친교, 공격, 위계, 돌봄, 성적 본능이 살아 숨 쉰다. 어디로 튈지 모르는 감정과 정서가 다른 아이들과의 관계 맺음 속에서 수백 가지 조합을 이루며 부딪칠 것이다. 그 모든 장면에 어른들이 개입하여 교통정리하기란 불가능하다.

교사가 할 일은 아이들을 믿고 기다리는 것이며, 부모가 할 일은 불안감을 제어하는 것이다. 조금 더 욕심 부리자면 건강한 가족관계를 만들어서 아이들이 필요할 때 줄 수 있는 심리적 자원을 갖추는 것이리라.

스페인의 철학자이며 교육자이기도 한 호세 안토니오 마리나는 '운영지능executive intelligence'이라는 개념을 앞세운다. 그에 따르면 지능이 작동하는 첫 번째 마당은 생각, 느낌, 욕구, 환상, 충동으로 채워진다. 나는 이 마당을 정서·표현 영역이라 이름 붙인다. 두 번째 마당은 정서·표현 영역에서 올라온 행동을 통제, 전달, 지휘, 시작, 중단하는 일이다. 운영지능은 이 두 가지 마당을 오가면서 적절히 행동하고, 판단하며, 실행하는 지능을 일컫는다. 관계를 유지하고 관리하는 능력도 운영지능에 속하며, 이것을 잘해내는 사람에게 '인성이 좋다'고 평가한다.

인성 교육이라는 용어는 '잘 써지는 지우개'라는 말처럼 모순과 어폐를 담고 있다. 인성은 삶 속에서 부대끼면서 단련되는 것이지 교육시킬 수 있는 대상이 아니다. 관계를 중심에 두고 생각하는 힘과 기술을 기르는 것, 우리 교육제도의 가장 취약한 지점이고, 학교가 잘 돌보지 못한 영역이다.

다시 맞는 4·16,
교육의 책임을
되묻다

,

구조적 부정의에 맞서는 '사회적 연결 모델'

"세월호가 침몰하는 순간, 교육 기반도 함께 침몰하고 말았다. 어른 말을 거슬러야 살아남는 사회는 교육이 불가능한 사회다."

기억한다. 그 일이 있던 해 5월, 이문재 시인은 이렇게 적고 있었다. 세월호. 교육. 모니터에 달랑 두 단어만 입력한 뒤 가슴이 먹먹하여 4시간째 글을 시작하지 못한다. 아무것도 밝혀지지 않았고, 무엇 하나 나아진 것 없는 상태 그대로 여러 해가 지났다.

《금요일엔 돌아오렴》을 다시 펼친다. 세상에서 책장 넘기기가 가장 어려운 책 가운데 하나다.

"수현이 아버지는 장례를 치른 뒤, 아이가 사용하던 노트북을 뒤적거렸다. 사소한 것 하나라도 아이의 흔적은 다 간직하고 싶었다. 거기에는 친구들과 웃고

떠들며 만들었을 음악의 몇 마디가
남아 있었다. 미완성된 소리들
사이에서조차 아이의 흔적이
묻어났다. 아이가 가졌던 정서와
아이가 고민했던 시간들이 거기에
있었다. 수현 아버지는 혼자서
아주 오랫동안 그 흔적에 귀를
기울였다고 했다."

책에 담긴 열세 가정 아이들의 일상은 재난 사건 앞
에서 갑자기 단절된다. 정지된 화면 같은 디테일을 더
듬다 보면 평소 주목하지 않던 아이들 삶의 고귀한 단
층 앞에 서게 된다. 획일적 디자인으로 제작한 교복으
로는 결코 덮지 못할 그들만의 고유한 삶이 형형색색
드러난다.

대형 선박 침몰과 승객 구조 외면 사태를 곧바로 교
육체제의 실패와 연결 짓기란 어렵다. 세월호는 특정한

'사회구조' 속에서 전복되었다. 열 명을 두 편으로 가를 때 동그랗게 모여 한 손의 등이나 바닥을 하늘로 향하게 내미는 상황을 떠올려보자. 손을 내밀었던 것은 각자의 목적 때문에 그리한 것이겠으나 그 결과 열 개의 손은 특정한 원형의 모습을 형성한다. 개인과 구조는 그렇게 직조된다. '구조적으로 부정의'한 사회는 어떻게 생길까? 특정한 사람이 악한 뜻을 가지지 않아도 만들어진다. 은행 금리보다 부동산 투자로 더 큰 이문을 남길 수 있으면 모두 집이나 땅을 사려고 한다. 모든 참여자가 합리적으로 행동했으나 부동산 가격은 계속 오르는 부정의不正義 구조가 역설적으로 발생하는 것이다.

어떤 사회에서 구조적 부정의 때문에 개인이나 집단에게 큰 피해가 발생했다면 그 사회의 구성원들에게는 '변화를 위해 실천해야 할 책임responsibility'이 부여된다. 그것은 법적인 책임liability이나 공적인 책임accountability과 구별되는 사회적·도덕적 책무인 것이다. 이 지점이 정치철학자 아이리스 영이 주장한 '사회적 연결 모

구조적 부정의不正義 때문에
개인이나 집단에게
큰 피해가 발생했다면
그 사회의 구성원들에게는
'변화를 위해 실천해야 할
사회적·도덕적 책임'이 부여된다.
이것이 '사회적 연결 모델'의
핵심 사유다.

델'의 핵심 사유다. 세월호 재난 사건과 마주하는 순간 우리는 큰 슬픔의 집단 상속자가 되는 동시에 구조적 부정의 문제를 해결해나가야 할 사회적 실천 행동의 담지자가 된다.

세월호 참사는 우리에게 명령한다, 인간 존엄을 위한 교육을 최우선에 두라고. 세월호 선장과 선원, 해양경찰, 해군, 청와대, 국토교통부, 관제센터 관계자 모두 배가 가라앉을 때까지 '조직의 위계와 명령'에 충실했다. 사고 해역 주변의 민간인 몇을 제외하곤 '사람'을 구하기 위해 필사적으로 나선 공무직 담당자들의 책임 있는 행동은 보이지 않는다.

세월호 참사는 우리에게 요청한다, 이것이 아니다 싶은 상황에서는 "아니오" 하며 외칠 수 있는 사람을 길러내라고. 독립적으로 사유하며 비판적으로 의식하는 개별자를 키워야 한다. 다음 세대에게 침묵과 복종, 순응을 강요하지 말라. 우리의 가족관계는 입시 전략을 수행하기 위한 '패밀리 비즈니스' 공동체다. 학교는 학생의 능력을 선별하고 그에 따라 상급 교육기관에 신입생을 배치해주는 에이전트 역할에 그치고 있다. 법령, 제도, 관습으로 정교하게 기획된 체제 아래서 다음 세대는 능력주의와 승자독식이라는 왜곡된 인식을 아무렇지 않게 체화한다. 대형 재난 사건은 단일 요인으로 발생하지 않는다. 세월호는 부정의한 구조 한가운데서 침몰한 것이다.

> 인적만 남은 텅빈 한길에서 내가
> 왜 부르르 부르르 낙화하여 몸 떨었는가
> 남도에서 꽃샘바람에 흔들리던 잎새에
> 보이지 않는 신음소리가 날 때마다
> 피같이 새붉은 꽃송이가 벙글어
> 우리는 인간의 크고 곧은 목소리를 들었다
> ― 하종오, 〈사월에서 오월로〉 중에서

1980년 5월 광주의 원혼을 마음으로 부여잡고 쓴 하종오의 이 시구는 4·16 희생자들에게 바치는 조사弔詞로도 읽힌다. "잊지 않겠습니다." 며칠 전 이 문장이 큼직하게 박힌 대형 현수막을 우리 학생들과 공동으로 제작하여 운동장 한가운데 걸었다. 사회적 연결 모델의 핵심에 교육이 자리한다. 기억과 다짐을 실천으로 이어갈 시점이다.

걷기,
가장 자연 상태에
가까운 인간의 행위

,

걸으니 비로소 보이는 것들

걷기로 했다. 2020년 10월의 일이다. 우리 학교 '기후 위기 비상행동' 소속 학생 20여 명이 교내 포럼을 조직했다. 이 행사의 '패널'로 교장을 초대한 셈인데, 발표 전 아이들이 던진 첫 질문은 "앞 세대로서 현재 기후 위기 상황을 어떻게 생각하세요?"였다. 아이들 기세에 기가 팍 눌렸다. 무조건 "잘못했다" 인정하면서 발언을 시작했다.

그러지 말았어야 했다. 발표자료 거의 마지막 슬라이드는 창고 속에서 먼지 뿌옇게 뒤집어쓴 내 자전거였다.

"이 지도를 보자. 샘 집에서 학교까지는 6.7킬로미터야. 일주일에 3일 자전거 타기나 걷기로 출퇴근하면 42킬로. 한 달이면 내 경차 휘발유 12리터를 줄일 수 있어. 그럼 이산화탄소는 줄고, 나는 대략 2만 원 아끼는 거지? 그걸 환경단체 두 곳에 나누어 매달 만 원씩 후원할게."

오오~ 하는 나지막한 탄성이 강당에 퍼졌다. 10초 동안은 기분 짜릿했다. 후회는 원래 나중에 하는 거니까.

2월 말 개학 때부터 걷기 출근을 시작했다. 1시간 15분 걸린다. 대의명분은 잊은 지 오래고, 약속만 지켜보겠다는 생각이었다. 삼전마을에서 큰 재를 넘어 다니기가 벅찼다. 특히 자전거 타는 날이 그랬다. 시골 생활 잘못하면 도시에서 살 때보다 몸을 움직이지 않는다. 버스가 두세 시간마다 한 대밖에 없으니 어딜 가든 승용차 없이는 못 다닌다. 몇 년 사이에 체력이 더 약해져 있음을 직감했다. 걷고 또 걸었다.

걷기에 약간씩 이력이 붙자 3월 말부터 동면에서 깨어나는 대지가 눈에 들어왔다. 처음엔 사과꽃, 복사꽃, 분꽃같이 관목에 매달린 꽃들이 보인다. 그러던 어느 날 발아래 돌나물, 쑥, 애기똥풀을 발견한다. 다음 날엔 농부들이 갈아놓은 거무튀튀한 흙더미 고랑과 연초록빛이 번져가는 야트막한 산자락이 드러난다. 바람, 기온, 햇볕, 비와 습도가 변화하면서 온 천지가 개벽하는 묵음의 야성을 여태껏 들어본 적 없었다. 바보. 이것도 모른채 덕산면 선고리 일대를 시속 50킬로미터의 자동차 속도로 몇 년 동안 아무 생각 없이 휙휙 내달렸던 것이다.

> "나는 걸을 때만 사색할 수 있다.
> 내 두 발이 움직여야 내 머리가
> 움직인다."

《고백록》에 담긴 루소의 고백이다. 그는 인간이 자연 상태에서 문명 상태로 '타락'했다고 믿었다. 《인간 불평등 기원론》에서 자연 상태의 인간이란 '홀로 시골길을 보행하는 소박한 인간'이라 했다. 다른 수단을 이용하지 않고 오직 맨몸으로 자기 체력에만 의지하는 여행자 말이다.

키르케고르의 코펜하겐 도심 산책은 또 다른 형태다. 고립된 자의 소심한 소통 의지가 배어 있다. 사람들과 잘 어울리지 못했던 키르케고르에게 산책은 사람들 사이로 끼어드는 통로 같았다. 짧은 마주침, 지인과 나누는 인사나 대화는 그가 희미한 인간적 온기를 쬐는 유일한 방법이었다는 것이다.

루소나 키르케고르가 걸으면서 무슨 철학적 생각을 펼쳤든 지금 상관없다. 나는 덕산면 삼전마을과 선림마을 사이를 가로지르는 지방도로와 농수로 사이를 두 달 동안 걸었다. 일찍 배달되었으나 손도 안 댔던 선물의 포장지를 뜯는 기분으로 뒤늦게 마을 풍경 하나하나를 발견하며 심취해간다. 해거름 녘 내 발걸음 소리에 놀란 백로 한 마리가 푸드덕 날아오른다. 반경을 그리며 들판 위를 저공비행한다. 멋지다. 이럴 때 고려의 시인 강일용은 "한 마리 새, 푸른 산의 허리를 베고 날아가네飛割碧山腰"라고 노래했다. 더 멋지다.

유튜브가 우리 몸을 앗아 갔다. 관찰예능은 우리의 오감을 뒤덮는다. 현대인의 대뇌 피질은 온갖 시각 정보를 처리하느라 너무 피곤한 상태일 터다. 선생이 몸을 움직이기 부담스러워하면 어느덧 아이들도 그에 맞춰 신체 활동을 꺼리기 십상이다. 몸 움직이기 귀찮을 때는 일하기도 싫어진다. 심고, 가꾸고, 키우고, 만들고, 고치는 노작교육도 어그러진다. 이오덕 선생이 말했다. "사람은 살아가기 위해 일을 해야 하며, 또 사람답게 살기 위해서도 일해야 한다. 일하기를 가르치는 것보다 더 소중한 인간교육은 없다."

걷다 보면 미운 사람의 뒷모습, 독설로 반격하고 싶은 상대방의 말꼬투리가 불규칙하게 튀어나오고 한동안 내 의식을 기분 나쁘게 지배한다. 아뿔싸. 그럴 때 쳐다보는 하늘빛이나 저녁놀은 얼마나 아름다운지. 자연은 우리의 치졸한 복수심과 부족한 포용력마저 말없이 받아준다. 자연과 의식 사이의 극명한 충돌과 불균형. 걷다 보면 그 경계선이 모호해진다.

"걷는 자에게 복이 있나니 모든 올레가 그의 것이다."

제주올레 서명숙 이사장의 명언이다.

찬솔이가 들고 온
'죄와 벌'

,

기다림에 대하여

"올바른 목적이 나쁜 수단을 정당화할 수도 있지 않느냐고요? 하아~ 그것 참 한마디로 뭐라 말하기 어렵네요."

허찬솔. 2005년생 남자아이. 수도권의 공립 초등학교를 졸업했다. 큰 키에 깡마른 체형을 가진 4학년(고1) 학생이었다.

찬솔이는 1천 쪽에 이르는 도스토옙스키의 《죄와 벌》을 읽느라 지난 한 달간 씨름했다. 아이가 들고 온 책에는 푸른색 간지 열두 개가 붙어 있다. 내게 던지려는 질문 덩어리들을 부표처럼 매달아둔 표식이리라.

찬솔이는 3학년 마칠 때까지 수업을 단 한 과목도 듣지 않았다. 한 학기에 평균 30과목 이상의 선택지가 담긴 교과 차림표를 제공했음에도 아이 입장에서는 매력적인 메뉴가 없었나 보다.

"내가 기억하는 너의 1~2학년 때 인상이 뭔 줄 아니? 깨진 유리 조각들이 비닐봉투 옆을 찢고 여기저기 삐죽

튀어나온 느낌이었어."

아이는 그것도 '다 지난 시절' 이야기라는 듯 배시시 웃기만 한다.

당시엔 특별한 이유가 있어서 수업을 거부한 게 아니었다고 한다. 막연히 귀찮고, 하기 싫다는 생각뿐이었다. 틈만 나면 잤고, 기운 차리면 학교 근처 선고저수지 주변을 쏘다니거나 학교에서 4.5킬로미터 떨어진 덕산면으로 놀러 다녔다. 단, 전통무예 동아리 '경당' 활동 하나만큼은 열심히 했다.

"3학년 때부터 조금씩 마음에 변화가 일었어요. 친구들은 진로 고민을 하더라고요. 나는 무엇을 좋아하나 찾기 시작했어요."

찬솔이는 3학년 말에 반드시 제출해야 하는 '논문'과 마주쳤다. 9개월 과정의 긴 프로젝트인데, 아이는 소설 작품을 쓰기로 했고, 막판에 집중력을 발휘했다.

이 과정에서 탄생한 작품이 〈절대 다수〉. A4 용지로 64쪽에 이르는 장편소설이었다. 논문 심사를 해야 했기에 약간의 의무감으로 종이 뭉치를 펼쳐 들었던 나는 어느새 이야기 구조에 빠져들었다. 남자 기숙사, 도난, 집단 심리, 불합리한 회의 구조, 인간 본성, 신뢰, 경솔한 행동 등 여러 요소가 중층으로 엮여 있었는데, 안정된 플롯은 물론 등장인물의 심리나 성격 묘사까지 제법이었다.

"어떻게 한 인간에게서 타락한 악마와 숭고한 천사의 이미지가 동시에 느껴질까요? 게다가 소냐는 라스콜니코프처럼 지식인이 아니었는데, 그런 고귀한 품성은 어디에서 나왔을까요?"

《죄와 벌》한 구절을 짚으며 네가 이렇게 질문했을 때 무어라 대답은 했던 것 같은데, 찬솔아, 지금 솔직히 고백하자면, 사실 나도 잘 모른단다.

찬솔이는 아침 먹으러 학교 식당에 일찍 오는 아이였다. 약속하지 않은 '조찬모임' 갖듯 밥상 앞에서 자주 마주쳤다. 끼니마다 배식할 때 교사나 학생 모두 동등하게 줄을 선다. 2열로 길게 늘어선 밥줄 사이에서 오가는 짤막한 대화들, 그것이 켜켜이 쌓여 상대를 이해하는 단서가 된다. 나는 찬솔이를 그렇게 '발견'했다.

아이가 3학년 2학기를 지낼 때였다. 자신이 좋아하는 책 한 권을 선정하여 전교생에게 소개한 뒤 그 책을 '누구에게 읽도록 권하고 싶다'는 메시지 전하기 행사가 있었다. 내게도 순서가 돌아왔다. 세계에서 가장 유명한 대안학교 이야기를 담은 《서머힐》을 요약해서 전한 뒤 이 명저를 "허찬솔이 읽으면 좋겠다"고 밝혔다. 한 달 뒤 아이는 다 읽은 책을 든 채 내 방을 노크했다.

"쌤, 왜 하필 저였어요?"
"글쎄, 네가 아니었을 이유는 또 뭔데?"

잠시 눈빛이 마주쳤고, 곧 우리의 대화는 시작됐다.

플라톤의 대화편 〈메논〉에서는 소크라테스 선생이 기하학을 한 번도 배워본 적 없는 노예 소년에게 정사

"내가 기억하는
너의 1~2학년 때 인상이 뭔
줄 아니? 깨진 유리 조각들이
비닐봉투 옆을 찢고 여기저기 삐죽
튀어나온 느낌이었어."
아이는 그것도
'다 지난 시절' 이야기라는 듯
배시시 웃기만 한다.

각형의 길이와 면적, 비례의 개념을 하나씩 짚어주는 장면이 나온다. 소크라테스의 질문에 따라 대답하는 과정에서 소년은 이미 기하학 개념을 갖고 있음이 드러난다. '모든 배움은 상기'임을 증명하는 전형적인 사례이기도 하다.

"4년 만에 처음으로 두 과목 신청했어요. '한국사 특강'하고 '동물윤리'. 생각보다 재미있어요."

눈빛 반짝이는 찬솔이. 다음 읽을 책으로 니콜라이 고골의 단편선을 정해두었고, 조만간 두 번째 창작 소설을 집필할 계획이라 전했다.

나는 아직 인간이 지닌 고귀한 품성의 출처도 모르겠고, 배움의 동기와 깨침이 정말로 잊었던 기억의 되살림인지도 확실히 모르겠다. 다만 분명한 사실 하나는 말할 수 있다. 선생과 부모가 아이를 믿고 그의 내면이 깨어 일어나길 3년간 뭉근하게 기다렸다는 점이다.

그로부터 1년 뒤. 찬솔이는 여전히 묵직한 주제가 담긴 소설을 즐겨 읽는다. 다음 주 금요일에 만나기로 약속이 되어 있다. 이번엔 아르헨티나 소설가 마누엘 푸익의 대표작《거미여인의 키스》를 다 읽었다 했다. 또 어떤 힘겨운 질문 덩어리를 들고 와서 나를 괴롭힐지. 사뭇 기대된다.

듀이의 '행함'
우리의 '움직임'

,

프로젝트 학습의 진짜 모습

지난 6월 우리 학생들은 길 위에서 배웠다. 학년별로 3 주에 걸쳐 전국의 여러 지역에서 동시에 이뤄지는 학교 밖 이동학습을 가리켜 우리는 '무빙moving'이라 줄여 부른다. 나는 30여 년 전 사범대학 첫해 '교육학개론' 시간에 '행함을 통한 배움learning by doing'이라는 근사한 교육이념과 만났다. 미국 교육사상의 아버지라 할 존 듀이의 교육 신조라 들었다. 듀이의 이 언명은 당시 내게 '저 푸른 초원 위의 하얀 양옥집'처럼 멋진 관념적 이미지로만 남아 있었다.

일반고 고1에 해당하는 4학년 아이들이 무빙 기간의 탐구 주제로 잡아 온 것은 지역사회의 환경 이슈였다. 제천시 상수도 취수장이 있는 영월군 남한강 수계에 '쌍용C&E' 회사가 대규모 산업쓰레기 매립장을 지으려 시도하는 중이었다. 연초부터 인근 시·군까지 긴장감이 높아지고 있었다. 두 달여간 준비 과정을 거치며 아이들은 3주간의 프로젝트 일정을 짜기 시작했고, 일을 나눠

맡을 팀 네 개를 조직했다.

제천시의회 의원, 제천시청 담당자, 원주 환경청 담당자를 만났다(국회 환경노동위원회 소속 의원 10여 명에게도 면담 요청서를 보냈으나 답신을 못 받았다). 제천과 영월을 오가며 거리행진, 전단지 나눠주기, 홍보를 위한 작은 콘서트를 진행했다. 문제를 객관적으로 바라보려는 의도 아래 회사 측 의견을 직접 듣기 위해 여러 차례 접촉했지만 끝내 이뤄지지 않았다. 매립장 예정 지역으로 가서 찬성 측 주민들 견해를 들었으나 그분들의 설명이 아이들에게는 별로 설득력이 없어 보인다 했다. 아이들은 자신들이 지키고자 하는 강으로 직접 뛰어들어 신나게 놀았다. 한반도지형 주변에서 뗏목을 탔고, 한반도습지 생태문화관에서 VR 체험을 진하게 했으며, 천연기념물 쉬리를 잡아 손바닥으로 느껴본 뒤 다시 놓아주었다.

간식 예산을 거의 쓰지 않고 되가져왔다. 환경지킴이를 자처하고 나선 고교생들에게 지역사회의 소상공인과 주민들이 우유, 와플, 바나나, 아이스티, 생수와 커피

등을 가져다준 덕분이다.

거리 홍보 나설 때 아이들이 촬영한 영상이나 사진을 보면 사람들이 별로 보이지 않고, 썰렁한 분위기가 느껴진다. 사람들은 전단지를 받지 않거나 버리고 가기 일쑤였다. 처음에 마음 상했던 아이들은 이내 수습을 하고, 다시 아무렇지도 않게 배포 작업을 이어갔다. 나는 그 허전한 공백을 바라본다. 무관심과 썰렁함을 대면하면서도 자기의 생각을 쉽게 접지 않는 마음 갖기, 그것이 진짜 공부다.

"사람보다 돈이 먼저였다. 우리 편은 높은 사람들이 아니라 바닥에 있는 사람들이다. 우리 학생들이 이렇게라도 하니 조금이나마 반응은 있구나. 이런 싸움이 정말 힘들구나. 오래 하시는 분들 대단하다."

부모들을 초청하여 가진 마지막 날 발표에서 아이들은 3주 동안의 활동을 통해 성찰한 내용을 이렇게 정리했다. 스물한 명이 제출한 소감문을 모두 읽어보았다. 낯선 사람들에게 말도 잘 못 꺼내던 소심한 아이는 연설

문을 작성하고 확성기 앞에서 주장을 펼치고 있던 스스로에게 놀랐다고 했다. 또 다른 아이는 힘든 일 겪으면서도 끝까지 책임을 다하는 친구들 모습에서 자신도 용기를 얻었다고 증언한다.

프로젝트 학습은 대충 놀면서 시간 때우는 헐렁한 교육과정을 뜻하지 않는다. 학습자를 핵심 지식과 이해로 초대하는 공부 과정이다. 어려운 문제나 질문으로 시작하며, 지속적으로 탐구하지 않으면 학습을 앞으로 진전시킬 수 없다. 아이들은 스스로의 의사를 확인하고, 선택을 통해 학습 단계를 구성해간다. 배운 것을 실제에 적용하며, 성찰을 이뤄가고, 개선점을 발견한다. 모든 활동을 마치면 자신들의 발견과 깨달음을 나눌 수 있도록 공개적인 결과물을 만들어낸다.

국가교육과정이 이끄는 '공통교과'는 미래사회를 열어갈 아이들에게 필요한 역량을 체화하기에 역부족이다. 교과를 통해 지식만 가르치는 것도 문제거니와 교육 전체가 충분히 지적이지 못한 점이 더 큰 부실이다. 사고력이 부족하니 반성적 통찰까지 이르지 못한다. 창조성, 모험정신, 복합 학문 분야에 걸친 지식의 통합을 어떻게 가르칠 것인가? 미래교육에 대한 논의는 무성하나 진정 미래사회가 요청하는 이런 능력을 실제로 가르치고 독려하는 학교는 찾아보기 힘들다.

4학년 아이들이 곧 만들어낼 종합 보고서와 영상 다큐멘터리가 궁금해진다. '행함으로 배운다'는 듀이의 언명은 여전히 유효하다. 내가 몸담은 현장에서는 그것을 '움직임'으로 치환했을 따름이다(learning by moving). 한국의 학교 현장이 당위에서 실전으로 빠르게 전환할 수 있도록 새로운 물꼬가 트이길 갈망해본다.

'대안'학교
제 이름
되찾기

,

먼저 온 미래, 보편 공교육이
'대안'에게 진 빚

'대안'이란 현재 겪는 어려움을 다른 각도에서 해석하고, 그것을 극복하는 방책까지 내놓는 일을 포함한다. 뾰족한 대안을 제시 못 하면 현재의 한계를 견디며 지내야 한다. 대안경제, 대안사회, 심지어 '얼터너티브 록'의 출현에서 감지하듯이 대중음악에서조차 우리는 뭔가 근사하면서도 또 다른 신세계를 꿈꾼다.

그럼에도 '대안'이 '교육'과 결합하는 순간 부정적 인상이 짙어진다. 각급 시·도교육청이 지역사회에 공립 대안학교 설립 계획을 발표했을 때 주민들이 '혐오시설'을 입주시키지 말라고 주장하며 개교 시행을 가로막았던 사건들을 나는 여러 건 기억하고 있다.

이런 일들은 참으로 역설적이다. 역사를 돌아보자. 오늘날 보편 공교육이 채택하고 있는 여러 특징들은 과거 서구 사회의 대안학교에서 '선도적 실험'을 거쳐 받아들인 제도와 다름없다. 남녀공학, 15명 이내 학급 편성, 체벌 금지, 프로젝트 중심 학습, 아동의 흥미와 선택

존중 같은 요소가 대표적 사례다. 이처럼 대안학교는 인간의 본성, 학습 방식, 평등주의, 민주주의와 자치 능력에 대한 다양한 실험을 현장에서 실행했고, 그 교육적 실현 가능성을 입증해왔다.

우리나라 어른들, 특히 교육계가 크게 책임질 일이 있다. 청소년 자살률이 그것이다. 2014년 이래로 5년 사이에 극단적 선택을 시도한 청소년은 3만 4552명이고, 이 가운데 무려 3748명이 사망했다. 하루 평균 청소년 2.6명이 극단적 선택으로 세상을 등진다. 2021년 고용노동부가 발표한 연간 산업재해 사고 사망자는 828명으로 하루 평균 2.3명에 이른다. 청소년 자살이 재해 사망자 숫자보다 더 많다.

노동자의 산재사건은 잠시나마 사회 이슈가 되고 노조에서 항의 성명서 한 장이라도 발표하지만, 청소년 자살 문제에 대해서는 '사회적 흐느낌'의 소리조차 잘 들리지 않는다.

많은 대안학교들이 일반 학교에서 보살피기 어려운

학생들을 묵묵히 뒷바라지해왔다. 탈북청소년, 경계선 학습장애인, 우울증이나 자폐증 혹은 틱 증상을 안고 있는 아이들, 학업 중단 위기 청소년들을 보듬어온 것이다. 참 이상하다. 공공 영역에서 더 두텁고 세심하게 돌봄을 받아야 할 아이들을 왜 한 장소에 모아두고 '대안'이란 이름을 붙인 사설 교육기관들이 집중 위탁을 떠맡는가? 돌봄과 치유가 더 필요한 학생을 민간 대안교육 기관에 떠맡길 때 교육 당국이 지급하는 비용은 한 아이당 하루 평균 8천~9천 원 정도에 지나지 않는다. 입시 체제와 '정상적' 학교 운영을 방해받는다는 이유로 언제까지 이렇게 저렴한 비용만 쓰면서 이 아이들을 내버려 둘 것인가?

교육 당국은 교사가 일대일로 돌보기에도 힘든 아이들 대부분을 공립 대안학교로 보내 한꺼번에 수백 명씩 모아 '관리'해왔다. 정규분포곡선의 오른쪽 끝자락 5퍼센트 안에 들어야 성공이라 믿는 학업 경쟁 체제의 어두운 뒷면이다. 시스템 효율성을 방해하는 아이들은 따로

오늘날 보편 공교육이 채택하고 있는
여러 특징들은 과거 서구 사회의
대안학교에서 '선도적 실험'을 거쳐
받아들인 제도와 다름없다. 남녀공학,
15명 이내 학급 편성, 체벌 금지,
프로젝트 중심 학습, 아동의 흥미와
선택 존중 등이 대표적 사례다.

모아두어야 한다.

위탁 교육기관에 맡겨진 학생이라 해도 시험은 봐야 한다. 원래 자신의 학적이 있는 학교(이를 원적교原籍校라 부른다)에 출석해서 답안지 위에 대충 답을 '찍는다'. 중간고사 보러 가는 날 "쌤, 저 내일 '방석'하러 가요. 제가 9등급 '깔아줘야' 공부 잘하는 애들이 빛나죠" 하고 자조 섞인 말을 던지는 아이들을 현장에서 직접 겪어보라. 너무 일찍 날개 꺾인 아이의 마음을 헤아려줄 말 고르기란 쉽지 않다.

공교육은 혁신학교를 기획하고 실행할 때 국내의 대표적 비인가 대안학교 사례들을 참조하거나 가져다 썼다. 지난 수년간 미래학교 관련 아이디어가 필요할 때마다 우리 학교로 찾아오는 교육 연구기관이나 교육청 손님들을 맞이하느라 분주했다. 그런데도 가난해서 곧 쓰러질 것 같은 상황을 견뎌온 비인가 대안학교들에 배정하는 지원금은 너무 빈약하다. 교육부 자료에 따르면 2019년에 비인가 대안학교 한 곳당 '무려' 연평균 370

만 원을 지원했다. 최저임금이 아니라 '초저임금'을 받으면서도 이 땅에 제대로 된 교육 한번 해보겠다고 나선 교육실천가들에게 공교육은 큰 빚을 지고 있는 것이다. 그럼에도 비인가 대안학교는 이 땅에 말 없는 그림자로서 필요할 때만 잠시 그 존재감을 드러낼 뿐이다.

2021년 1월에 〈대안교육기관에 관한 법률〉이 제정되었고, 1년간 시행령을 준비했으며, 2022년 1월부터 법률적 효력이 발생했다. 이 법이 담고 있는 핵심 특징은 비인가 대안학교들이 최소한의 요건만 갖추면 교육기관으로서 '등록'할 수 있도록 그 경로를 마련했다는 점이다. 하지만 재정적 어려움을 겪고 있는 비인가 대안학교를 도울 수 있는 '지원' 조항을 갖추고 있지 않기에 현장에서 바라볼 때는 이 법이 지닌 제한적 성격이 너무 크다.

학부모와 학생들이 획일적인 공교육 체제에서 벗어나 자신에게 적합한 교육방식을 선택함으로써 교육받을 권리를 더 풍요롭게 누릴 수 있어야 한다. 단, 경제적·문화적 자원이 풍부한 계층만 그러한 선택권을 누리지 않도록 국가와 지방정부는 공공성을 올바로 실현하는 비인가 대안교육 기관을 가려내어 균형에 맞게 지원해야 할 의무가 있다. 또한 개별 대안학교는 '변형된 형태의 학원'으로 변모되지 않도록 스스로 공공성과 책임성, 전문성을 갖춰 운영하는 자세와 능력을 보여줘야 한다.

'예술을 품은 교육'으로
판을 바꾸자

,

통합 수업의 핵심은 '연결'이다

'재즈를 품은 사회(재품사)'라는 과목을 개설한 적이 있다. 3년쯤 전으로 기억한다. 학생 열다섯 명이 신청해서 들었다. 이 수업 준비물은 재즈 음악 파일, 세계지도, 음질 좋은 대형 스피커, 축음기, 여러 종류의 LP와 CD 음반들이다. 오해 마시라. 나는 음악, 역사, 사회 교사 가운데 어느 쪽도 아니다. 20여 년 정도 재즈를 꾸준히 들었을 뿐이다.

음악은 사회와 역사의 배경을 담고 흐른다. 재즈의 발생지인 뉴올리언스만 주목해도 다인종 지역사회, 노예무역, 식민지 쟁탈전, 다양한 민족음악의 혼성 같은 주제로 100여 년 전 역사 이야기를 끄집어낼 수 있다. 게다가 북부 시카고 지역으로의 흑인 노동력 대이동, 미국의 제2차 세계대전 참전 등 역사적 사건을 재즈의 새로운 형식 발생과 연결 지을 수도 있다.

물론 이 수업의 핵심은 다양한 형태의 재즈를 직접 듣는 것이다. 춤추기 좋고 듣기 편한 스윙 재즈부터 형식을 완전히 파괴한 1960년대의 프리 재즈까지 들려준다. 여러 갈래의 재즈 장르를 골고루 듣다 보면 아이들은 한 분야의 음악을 더 입체적으로 이해할 수 있게 된다.

음악 형태의 역사는 당대 사회와 호흡하면서 형성된다. 오페라는 19세기 귀족 사회에서 유행했던 대형 블록버스터 공연 기획이었다. 시각장애인을 위한 원통형 오디오북을 에디슨이 발명하지 않았다면 테너 엔리코 카루소가 1902년에 녹음한 〈남몰래 흐르는 눈물〉은 우리에게 전해지지 않았을 것이다. 원통형 소리 저장 장치를 도넛 모양으로 평평하게 펴서 만든 혁명을 통해 축음기 음반이 탄생한 것이었으니까 말이다.

통합 수업의 핵심 열쇳말은 '연결'이다. 음악 작품, 작곡가, 연주가, 당대의 사회, 곡의 감상, 서로의 느낌 나누기, 역사적 배경, 우리가 현재 듣고 있는 음악과의 관련성을 연속적으로 이어간다. 아이들은 앉거나 기대거나 장판 깔린 교실 바닥에 엎드려서 음악을 듣는다. 하지만 졸지 않는다. 한 번의 수업에서 들려줄 수 있는 곡은 한정되어 있다. 그렇기에 몇 가지 음악적 에피소드들을 '연결'해서 아이들의 음악적 호기심을 '자극'하고, 교실 밖에서도 홀로 낯선 장르에 도전하여 들을 수 있도록 안내하면 그것으로 충분하다.

진보주의 교육사상가 존 듀이는 말한다.

"미적인 경험 안에서는 지적인 것과 실용적인 것이 융합된다."

그렇다. 예술작품이 전해준 감동이 내 몸 안에서 전율할 때 우리는 완전하고 통합된 존재를 감지한다. 실체를 알 수 없는 그것을 규명해보려고 여러 설명 체계를 탐색한다. 심미적 경험이 배움을 매개하면서 학습자를 새로운 존재로 변모하게 만든다.

우리 학생들에게 강의할 기회가 주어질 때마다 나는 현대미술의 여러 사례를 적절히 활용한다. '캔버스 위에 정밀하게 묘사한 유화'에만 집착하지 않는다면 시각

예술 분야에서 드넓은 신세계가 펼쳐짐을 환기하는 것이다.

"리처드 롱이라는 예술가 할아버지가 계셔. 이분은 평생 '대지예술'이란 분야를 개척했거든. 대지, 즉 땅 예술을 말해. 좀 낯설지?"

이렇게 이야기를 풀어간다. 리처드 롱은 잉글랜드 곳곳의 자연 속을 걸어 다닐 때 느꼈던 자신만의 고유한 느낌과 경험, 그 자체가 예술작품이라고 말한다. 그 어떤 자산가라도 롱의 작품을 구매, 소유, 대여, 판매할 수 없다. 십수 년 전 나는 리처드 롱의 회고전을 런던 테이트 모던 미술관에서 관람한 적이 있다. 그의 작품은 단순하고, 명징했다. 자연 속 돌을 위치만 옮겨 만든 거대한 원형 모양의 돌무더기 사진, 자신이 걸어서 지나쳤던 도시 이름, 종이 지도에 표시된 이동 경로 같은 것들로 전시장을 채우고 있었다. 이쯤되면 예술은 작품이라기보다 '개념'과 더 밀접한 연관을 가지는 것이다.

듀이의 이론을 바탕으로 삼아 예술을 교육과정의

중심에 두면서 지성, 전인, 민주주의를 가르쳤던 대안대학이 미국 남부 노스캐롤라이나 지역에 있었다. 1933~1957년 사이에 운영됐던 '블랙마운틴 칼리지'가 그것이다. 이 대학은 지역사회가 필요한 가구를 제작하고, 자신들이 필요한 강의동을 직접 설계·시공했으며, 군복무 센터와 병원 환자들을 위한 연극·음악 프로그램 무대를 디자인하고 설치했다. 삶과 작품, 배움, 깨달음이 함께하는 현장이었던 셈이다.

마르셀 뒤샹의 '변기'가 현대미술의 판을 바꿨듯이 1967년부터 시작된 리처드 롱의 작품 제작 방식은 기후위기 시대를 겪고 있는 우리에게 예술에 대한 개념과 접근방식을 또 다른 차원에서 완전히 달리할 것을 요청하고 있다. '예술을 품은 교육'이 배움의 여러 요소를 연결하고 통합하는 새로운 시대를 꿈꿔본다.

'좋은 삶'으로
이끄는 노동은
불가능할까?

,

2020년대 MZ세대의 '농활'

9월 초순 일요일 아침. 4학년(고1) 아이들 열일곱 명과 영월읍 문산리로 농촌활동을 나갔다. 12인승 스타렉스 두 대에 아이들을 나눠 태웠다. 강희석 선생과 내가 운전을 맡았다. 1천 평 남짓한 소나무 묘목밭 앞에 도착했을 때 '허걱' 소리가 절로 났다. 어른 허리춤만큼 웃자란 잡초 천지였다. 인근에 들어설 계획이던 산업폐기물 매립지 반대 싸움을 이어나가느라 농민들이 몇 달째 밭 돌보기에 매진하지 못한 탓이다.

개망초, 쑥, 아카시나무, 칡넝쿨 등으로 뒤범벅된 밭을 앞자락부터 정리해나간다. 초가을 햇살은 한여름 뺨치게 따갑고, 모기떼마저 그악스럽다. 아이들은 휴대용 블루투스 스피커로 음악을 크게 켜놓고 작업한다. 하늘이가 선곡했는데, 1950년대 냇 킹 콜의 목소리부터 최신 음악까지 시대를 넘나드는 곡들이 튀어나온다. 장범준의 〈흔들리는 꽃들 속에서 네 샴푸향이 느껴진 거야〉처럼 모두가 아는 곡이 나올라치면 아이들은 빠르게 손을 놀리면서도 목이 터져라 '떼창'을 한다. 밭두렁 너머 산골 계곡 가득 아이들 목소리가 한순간 가득 찬다.

"쌤, 소크라테스는 진짜 못생겼던 거 맞아요?"

"쌤, 도대체 왜 진화가 시작된 걸까요?"

"장편 문학작품 읽을 때 쌤은 어떤 요소에 관심 두고 보세요?"

아이들 질문은 하늘이의 널뛰는 선곡만큼이나 천방지축이다. 내가 아는 만큼 최선을 다해 답한다. 땀은 눈꼬리 끝으로 흘러들고, 숨은 턱밑에 차오른다. 불룩 솟은 내 아랫배가 오늘따라 더 밉다.

"힘들어? 그러게 왜 들고 있냐. 그 힘 그냥 내려놔."

희석 쌤의 썰렁한 농담에 아이들은 일제히 "제발~" 그만두라 외친다. 합창 소리는 웃음소리로 이어지고, 이거 언제 끝나랴 싶던 잡초 뽑기 작업이 시나브로 마무리된다.

밭매는 동안은 나와 아이들이 동일한 작업을 한다. 들판에서 손과 발을 바삐 놀리는 동안 아이들은 질문의

사고팔 수 있는 상품 이전의 노동,
일하는 사람이 통솔 가능한 그런
노동을 꿈꿔본다. 투박하면서도
창조적인 노동은 지겨움과
불편함을 견디게 하는 힘을 기른다.

꼬리를 물고 내 생각과 공간 안으로 장애물 없이 쓰윽 들어온다. 나 역시 숱한 질문을 아이들에게 던진다. 함께 일하고 있다는 일체감과 동질감이 우리를 무형의 끈으로 엮어준다. 갈수록 아이들이 산에 오르거나 먼 길을 걷거나 허리 구부려 밭일하기를 싫어한다. 그럼에도 우리는 짬 날 때마다 몸 놀리는 작업을 시도한다. 노동을 가르치는 가장 빠르고 효과적인 방법이 곧 노동이기 때문이다.

3년 전 돌아가신 어머니의 유품 하나를 간직하고 있다. 55년 된 놋숟가락. 시집을 때 가져오셨다. 어머니는 평생 그 놋숟가락으로 감자와 당근을 다듬고, 갖가지 요리를 하셨다. 왼쪽 끝자락이 퍽이나 닳아서 이미 숟가락 모양은 균형을 잃은 상태다. 돌아보니 어머니와 함께 했던 가사노동과 아버지가 여기저기 펼쳐두셨던 책들이 내 어린 시절의 대안학교였다.

사고팔 수 있는 상품 이전의 노동, 일하는 사람이 통솔 가능한 그런 노동을 꿈꿔본다. 투박하면서도 창조적인 노동은 지겨움과 불편함을 견디게 하는 힘을 기른다. 우리가 누리는 문명의 바탕이 어디에 있는지 가르칠 뿐만 아니라 사람과 물질에 대해 겸손한 마음을 갖게 한다. 노동을 통해 기예를 익힌 몸은 불규칙한 세상의 변화에 마음 휩쓸리지 않도록 한다. 우리는 노동함으로써 목적을 달성하거나 문제를 해결하며, 사람 사이의 건강한 관계를 맺어간다. 앎의 영역인 학습 세계와 삶의 영역인 노동 세계는 서로에게 가교를 두어 교통해야 한다. 자신을 앎과 삶의 주인으로 세워둔 학습자는 스스로 존귀한 주체가 된다.

현대사회는 자기 노동을 시장에 상품으로 내놓고 '팔아먹어야' 살아갈 수 있는 곳이다. 그렇다 하더라도 가능하면 다음 세대는 자기 노동에 대한 선택과 의미 부여를 스스로 해나가길 소망한다. 노동이 자신들의 좋은 삶으로 연결되었으면 좋겠다. 학교에서 머리, 가슴, 손을 연결 지어 살아가는 방법을 배웠듯이 세상에 나가서 노동을 통해 인간의 내적 성장을 이어갈 수 있기를 바란다.

일본 영화 〈리틀 포레스트〉는 도시 생활을 하다가 고모리 마을로 돌아온 젊은이 이치코의 사계절을 보여준다. 마을 친구인 유타 역시 비슷한 처지였다. 두 사람의 힘겨운 협업 노동 장면이 배경으로 흐를 때 유타의 다음 대사가 잔잔하게 이어진다.

> "자신의 몸으로 뭐든 직접 해보고
> 그 과정에서 느끼고 생각한 것,
> 자신 있게 말할 수 있는 건 그런
> 거잖아. 자기 말에 책임지는 사람을
> 존경하고 믿어. 도시 사람들은
> 아무것도 한 게 없는 주제에 뭐든
> 아는 체하고, 남의 생각을 자기
> 것인 양 끌어대면서 잘난 척만 해.
> 천박한 사람들의 멍청한 말들이
> 질리더라."

부끄럽다, 남의 생각을 요리조리 인용하기에 바빠 정작 제 몸 움직여 정직하게 살아내지 못한 내 삶이. 풀 뽑기 작업을 마치고 아이들과 함께 포도밭 그늘에 앉아 빨아 먹던 '메로나' 맛이 아직도 입속에 달달하게 잔설처럼 남아 있다.

세계 안에서의
'견딤'이
민주 시민을 만든다

,

개인의 욕망과 사회의 성숙함 사이

덴마크에 다녀왔다. 덴마크대안교육협회가 주관하는 학술대회 참여를 위해서였다. 행사를 관통하는 주제는 '세계시민교육'. 코로나19로 인해 유럽 전역은 물론 덴마크 국내에서조차 자국 대안교육 관계자들끼리 서로 만나지 못했던 아쉬움을 이번 학술대회를 통해 서로 달래고 있었다.

나는 '삶을위한교사대학' 소속으로 그들과 만났다. 대안학교 교사를 양성하고 현직 교육을 실행하기 위해 조직한 작은 협동조합이다. 지난 10여 년간 이 조합을 중심으로 이어져오다 코로나19로 단절된 한국-덴마크 사이의 대안교육 교류를 재개하고 지속하기 위한 '출장'이기도 했다.

영국 에든버러대학 거트 비에스타Gert Biesta 교수의 기조 발제가 귀에 쏙 들어온다. 강연은 최근 그가 저술한 《세계-중심 교육》에 담긴 핵심 내용을 전한다. 비스타 교수는 유럽 사회가 여전히 '민주주의의 위기'를 맞고 있다 바라본다. 멀리는 나치 독재의 홀로코스트부터 최근 영국의 브렉시트에 이르는 사례만 보아도 그렇다. 아직 민주주의는 세계 정치 체계에 안정적으로 자리 잡은 제도가 아니라는 것이다.

비스타 교수는 민주주의와 교육 사이의 관계를 거론하면서 두 가지 요인을 강조한다. 하나는 '개인의 욕망'이고, 다른 하나는 '사회의 성숙함'이다. 한 사람의 시민이 공공의 영역에 관여하려면 어떤 방식으로든 '자제력'을 발휘해야 한다. 자신의 욕망이 빠르게, 원하는 방식대로 구현되기 어렵기 때문이다. 민주주의 체계 안착은 절로 이뤄지지 않는다. 고통스러운 과정을 거쳐 내면화되고 학습되어야 가능하다.

대안학교를 운영하다 보면 어떻게 의사결정을 하고, 어떤 속도로 일을 추진하는 것이 진짜 민주주의를 구현하는 것인지 정말 잘 모르겠을 때가 많다. 다수결로 밀어붙이지 말라, 소수 의견을 존중하라, 최종 결정에 이르는 과정과 절차를 지키라…. 이러한 입장을 모두 반영한 결과는 되는 일도, 안 되는 일도 없는 어정쩡한 상태의 지속이다. 민주주의의 역설을 목격하면서 '합의 독재 체제'에 대한 열망이 스멀스멀 밀려 올라올 때도 있다. 모호함을 견디는 힘이 아직 내게는 부족하다. 민주주의는 늘 위기다. 특히 '먹고사니즘' 논리와 부딪히면 '밥 안 먹여주는' 민주주의 체제가 쉽게 무너져 내린다.

우리 학교에서는 운동장 모퉁이에 목조 생태 화장실 건물을 지어 18년 동안 사용했다. 하지만 기둥과 들보가 삭아서 최근 폐쇄할 수밖에 없었다. 새 화장실 도입이 필요했다. 그 참에 2020년 2학기 동안 '모두를 위한 화장실' 프로젝트가 추진됐다. 장애인, 성소수자, 여자, 남자가 모두 사용하기 맞춤한 구조를 만들자는 것이었다.

교사회와 학생회는 자신들이 원하는 화장실의 조건과 기능에 관해 토론했다. 교내 성소수자 그룹 역시 이 논의에 참여하여 의견을 냈고, 모두를 위한 화장실 설계가 왜 필요한지 전체 학생이 모인 자리에서 발표했다. 꼬박 한 학기가 지나 일곱 칸으로 구성한 화장실 최종 평면도에 합의할 수 있었다. 방문객이 우리 학교에 와서 본다면 일반의 그것과 다를 것 없는 평범한 화장실이다. 하지만 그것은 분명 모두를 위해 우리가 논의했던 '우리의' 화장실이다.

화장실 배치 방식을 논의하다 보니 참여자들이 약간씩 자신의 정체성을 어느 정도 부인해야 합의에 이를 수 있다는 것을 자각한다. 예를 들어 갱년기를 지나고 있어서 화장실에 자주 가야 하는 나는 소변기를 없앤 지금의 설계가 마음에 안 들었다. 그럼에도 '중년 남자'의 특성을 앞세우지 않고, 매번 조용히 앉아서 일을 보기로 했다. 나와 비슷하게 '정체성 부인'을 조금씩 겪으며 무엇인가를 양보했을 다른 사람들도 있었으리라.

비스타 교수가 주목한 지점이 바로 여기였다. 개인적 욕망을 좀 더 숙고한 형태의 욕망으로 치환하는 작업이 민주주의를 배우는 과정이라는 것이다. 우리가 성숙한 방식으로 이 세계 안에서 존재하기를 원한다면 함께 살아가는 다른 인간 존재 안에서 자신이 원하는 것은 무엇인지 불러내고 발견할 수 있어야 한다.

지금 내가 욕망하는 것이 바람직한 욕망인가, 아이들이 자문하도록 안내가 필요하다. 그것이 바로《세계-중심 교육》의 바탕을 이룬다. 세계가 처한 현실과 정직하게 만날 때 비로소 우리의 정체성이 흔들리고, 존재는 방해받으며, 원하는 일이 지연된다. 그 불편함을 계기로 우리는 '이야기'가 아니라 '대화'를 통해 다른 존재와 소통한다. 세계 안에서 세계와 만나는 교육과정, 미래사회를 위해 도전해봄 직한 매력적인 주제다.

"안 하는 편을
선택하겠습니다"

,

'역량'이라는 용어에 휘둘리지 않기

✦

아무것도 안 하고 싶다. 격렬하게.

마감 몇 개가 겹쳐 있는 이번 주. '죽음dead'의 '선 lines'이 일상을 짓누른다. 나는 왜 무엇인가 안 할 수 있는 힘을 기르지 못했던가. 일 목록을 만든 다음 버려야 할 것들을 하나씩 줄 그어보려 했다. 한 개도 못 지웠다. 욕심, 평판, 체면, 알량한 의무감이 뒤범벅되어 마음을 정하지 못한다. 이런 새가슴이라니.

허먼 멜빌의 중편소설 《필경사 바틀비》가 떠오른다. 변호사 사무실 서기로 일했던 바틀비는 어느 날부터 고용주가 시키는 업무 지시에 대해 "안 하는 편을 택하겠습니다 would prefer not to"라는 응답을 반복한다. 처음엔 그러려니 했는데, 소설 후반부로 갈수록 거부의 내용보다 바틀비의 행동 패턴에 더 호기심이 갔다. 이유는 말하지 않은 채 그가 보여주는 '일관된 거부'의 의지 표명이 기괴하고 병적인 것으로 느껴졌다. 연민과 안타까움도 생겨난다. 바틀비가 작품 속에서 이끌어가는 불안과 광기는 고독과 소외를 거쳐 죽음으로 이어진다. 바틀비가 필경사 이전에 가졌던 직업이 우편물 취급소에 쌓인 수취인 불명 편지들을 소각하는 일이었다는 사실을 알았을 때 작은 단서 하나를 발견한 느낌이었다.

영국 현대미술가 마이클 랜디는 자신이 소유한 물건 7225개를 3년 동안 준비 과정을 거쳐 고르고 분류했다. 2001년 2월, 런던 중심가 쇼핑센터 하나를 단기 임대하여 대형 컨베이어와 압착 롤러를 설치한다. 2주에 걸쳐 여권, 우표, 자동차, 가구, 책 등 목록에 올린 자신의 물건을 하나씩 모두 부숴버린다. 누적 관람객 4만 5천 명이 이 장면을 지켜봤다. 작품명 〈브레이크 다운〉. 유튜브에서 17분짜리 다큐멘터리 시청이 가능하다. 인터뷰 도중 랜디는 할머니가 남겨주신 유품이 부서질 때 "엄청난 심리적 고통을 느꼈다"고 증언한다.

프랑스 그르노블 출신 조형예술가 쥘리앵 프레비외. 《입사거부서》로 유명하다. 구인 광고를 낸 회사 1천 곳을 상대로 7년에 걸쳐 편지를 썼다. 온갖 이유를 붙여서

"제발 나를 고용하지 말아달라"고 호소하는 지원서를 보낸 것이다.

> "지금 저는 매우 바쁜 일정을
> 소화하고 있기에 '회계 및 행정직
> 공무원'과 같은 한가로운 보직을
> 겸할 만한 여유가 없습니다.
> 혹시라도 저에게 닥칠 행운에
> 대비하기 위해 지원자 명단에서
> 제 이름을 완전히 삭제해주시기
> 바랍니다."

이런 식이다. 공무원을 뽑으려는 보크르송 시장에게 보낸 '지원서' 일부다. 《입사거부서》 한 권을 찬찬히 훑다 보면 우리가 취업에 바빠 면밀히 살펴보지 못했던 채용 공고문들의 결함과 부조리가 드러난다. 이에 대한 프레비외의 반응은 풍자와 조롱, 재치 있는 반전이다. 일

부러 과잉된 문학적 수사, 컴퓨터 프로그래밍 언어 등을
구사한다.

졸업을 한 달 앞둔 아이들이 얼마 전 학교 밖에서 진
행한 인문학 캠프를 마쳤다. 낯선 분야를 공부하고, 발
표문 준비하느라 버거웠던 모양이다. 2~3년 전부터 '공
부 근력'을 더 갖추도록 교육과정을 손봐야 하지 않겠
냐는 교사들의 견해도 있다. 이 같은 사고는 순환논법에
빠지기 쉽다. 만약 그 전에 높은 수준의 공부를 해놓은
고3 아이들이라면 한 단계 더 진전된 인문학 캠프 발표
문을 기대받거나 요구받을 수 있기 때문이다. 특정 시점
에서 역량 부족을 느낀 아이들의 자기 평가는, 역설적이
지만, 그 이전에 무엇인가를 하지 않았으므로 생성된 것
이다.

안 할 수 있겠다는 의지는 그 자체로 커다란 힘이다.
버트런드 러셀은《게으름에 대한 찬양》에서 이렇게 말
한다. 지주들은 게으르다. 그것은 타인들의 근면이 있기
에 가능하다. 안락하게 게으름 피우고자 하는 그들의 욕

망으로 인해 모든 사람은 열심히 일해야 한다는 신조가 생겨났다는 것이다.

하려는 동기와 안 해도 불안하지 않은 뚝심은 공존 가능하다. 우리 교육계는 '역량'이라는 용어에 십수 년간 휘둘려왔다. 결국 '넌 뭘 할 수 있니?' 묻고 있는 프레임에 갇혀 허둥대고 만 꼴이다. 특정 시스템이 내게 '상품 가치를 높이라'는 요구에 대해 '안 하는 편을 택하겠습니다' 하고 저항할 힘이 우리 교육에 남아 있으면 좋겠다. 자본주의가 싫어하는 최대의 적은 사회주의자가 아니라 무엇인가를 안 하려는 사람일 것이다.

그건 그렇고, 안 하고 싶다는 말의 정당성을 입증하려고 나는 몇 시간째 이런저런 자료를 들춰봤다. 이 글을 마쳤다. 결국 뭔가를 한 것이다. 새가슴 소유자 맞다.

대안교육 실천가
페스탈로치를
회상하며

,

가르치기 힘든 것을 가르치기,
그 담대함에 대하여

1769년 스위스 취리히 외곽. 스물세 살 청년 페스탈로치는 버려진 자갈밭 4만 제곱미터를 사들여 농장학교를 연다. 거의 '영끌' 수준으로 빚을 내어 마련한 것이다. 길거리를 떠돌거나 생활 밑천 하나도 없고 무지몽매한, 반쯤은 야생인 아이들 50여 명을 모았다. '노이호프Neuhof 빈민노동학교'는 그렇게 시작됐다. 농장 안에 버터·치즈 공장, 방적 공장을 세웠다. 아이들이 작업을 맡았고, 동시에 읽기, 쓰기, 셈하기를 배웠다.

문제는 '농장의 경제적 자립'에서 발생했다. 그 시대 가내 수공업 체제는 아동들의 노동을 싼값에 착취하며 유지했기에 노이호프 아이들이 만든 제품은 시장에서 가격 경쟁력을 가질 수 없었다. 1775년에 학교 유지를 위한 호소문을 발표해서 1400프랑을 모았다. 그것만으로는 역부족이었다. 결국 4년 뒤에 노이호프는 문을 닫았고, 1780년 페스탈로치는 자기 집도 내놓아야 했다. 야심 차게 일으켰던 첫 번째 교육실험은 물거품으로 끝났다.

산업혁명 초기였던 18세기 후반 유럽 풍경은 어수선 했다. 오늘은 농업에 종사하고 있지만 내일 땅을 잃을지 도 몰랐다. 그러면 공장에 가면 되겠지 싶은데, 그곳이 조만간 문을 닫으면? 다른 일거리를 찾거나 부랑자가 되어야 했다. 농사 말고 다른 일을 할 줄 모르는 18세기 말 평범한 주민은 비참한 굶주림에 대한 공포가 있었고, 실제로 그런 기근 사태는 자주 발생했다.

당시 혁신적인 사상가 루소와 진보적인 교육실천가 페스탈로치는 그와 같은 노동 조건의 불안정 상황에 대 처하는 방안으로 '종합기술교육'을 내세웠다. 학교는 자 본가나 국가를 위한 조직이 아니고 민중의 자녀를 키우 는 곳이어야 한다. 지식의 강제 주입은 거부했다. 대신 아이들의 심신을 골고루 발달시키기 위해 생활과 노동 을 통해 전인교육을 펼치는 터전으로 학교를 바라보았 다. 페스탈로치는 시대의 흐름을 간파하고, 민중의 자녀 를 위한 대안학교 실험을 평생 거듭했다. '교성教聖 페스탈로치'라는 표현은 그냥 나온 말이 아니다.

팬데믹과 기후 위기, 기술 대전환 시대를 바라보고 있는 현시대에 교육은 어떻게 변화해야 하는가? 가르치기 힘든 요소를 가르치려 하는 담대함을 추구해야 한다. 우리나라 〈교육기본법〉 제2조는 모든 국민에게 인격을 도야하고 자주적 생활 능력과 민주 시민으로서의 자질을 기르게 하는 것이 교육이념이라 밝히고 있다. 동의한다. 하지만 교육자들은 숙명적으로 '어떻게'라는 질문 앞에 선 사람들이다. 다음 세대에게 성공적으로 인격을 도야시키기란 쉽지 않은 일이니까 말이다.

산골에 묻혀 있는 작은 대안학교에서 교육하다 보니 공교육이 아니어서 수월한 점들이 있다. 무엇보다 대학 입시에 얽매이지 않아서 자유롭다. 만약 우리가 입시를 염두에 두고 학사 일정과 수업, 평가 기록들을 유지하려 한다면 여태껏 수행해왔던 아이들과의 면담, 현장 체험, 프로젝트 수행 시간은 지금의 20퍼센트에도 미치지 못할 것이다. 교육과정 선택과 조직을 학생들의 특성과 요

청을 고려하면서 교사들의 협의와 판단 아래 이끌어간
다. 배움이 일어나는 장소를 교내 공간만으로 한정할 필
요도 없다. 조금 더 살아 있는 세계를 배움 영역 안으로
끌어들이고, 그것을 대면하는 과정에 교사와 학생이 함
께 마주 선다.

아이들이 성장하는 과정을 곁에서 지켜보면 그들은
'흔들리며 피는 꽃'이 아니라 '토네이도 속에서 버티며
꺾이지 않으려는 꽃'들이다. 처음부터 끝까지 사랑과 관
심, 소통과 인정을 요구한다. 그들을 사랑으로 보듬어
안으면서 함께 고통을 겪어내는 일은 쉽지 않다. 공교육
체제는 다음 세대에 대한 사랑이 자리할 곳에 평가와 관
리라는 시스템을 얹어놓았다.

국회의원 선거나 대통령 선거 때마다 거대 정당의 교
육정책과 중요 후보들의 교육 공약을 자세히 살폈다. 보
수와 진보를 막론하고 교육정책은 빈한했다. 대학입시
제도 변경, 자율형 사립고등학교 존폐 문제 등이 주요
쟁점 사안이었다. 재정 지원이나 법 체제 정비 외에도

교육을 개혁할 방법은 여러 가지가 있다. 개별 현장의 재량권을 늘리고, 교사들의 전문성을 신뢰하는 일이다. 무엇보다 권한의 이양에는 큰돈이 들지 않는다.

사람들 사이에서 소통하기, 서로의 혜택을 위해 협상하기, 작은 조직 잘 운영해나가기, 리더십 발휘로 어려움을 뚫고 나가기 같은 능력을 미래사회가 요구하지 않는가? 이른바 '부드러운 기술soft skill'의 시대가 오고 있다. 가르치기 힘든 가르침이다. 어떻게 하면 공교육은 이것을 잘할 수 있을지. 대통령 되어보겠다고 나선 각 후보 진영이 그 점을 염두에 둔 교육정책을 설계할 수 있기를 희망한다. 일부에서는 '교육 불가능 시대'를 논한다. 엄살이거나 지나치게 비관적이다. 페스탈로치는 30년 전쟁의 대혼란 속에서도 가르치기 힘든 가르침을 시행했다. 실패와 좌절이 훨씬 많았다. 하지만 동시에 성공이기도 했다. 돌아가자, 페스탈로치의 정신으로.

"마을의
운명도 사람의
성격이 된다"

,

망, 공간 그리고 새로운 교육

서울에서 40여 년, 런던에서 10년 6개월을 살았다. 비인가 대안학교 교장 노릇 하느라 최근 6년간 산골 생활을 했다. 그 경험이 사물을 달리 보도록 만들었다. 오늘날 도회지 사람들은 15세기 사람들과 인식 면에서 비슷하다. 자신이 '평면 지구' 위에 사는 것으로 알았기에 먼바다로 항해하면 추락사할 거라 믿었던 중세인들 말이다. 사람들의 무의식에 '탈-서울' 또는 '탈-대도시'란 곧장 나락에 떨어지는 일로 각인돼 있다.

시골에 살면 생활의 편리를 돕는 망網에서 멀어진다. 학교가 자리한 선고리 마을에서는 관정 물을 공동으로 사용한다. 문제는 갈수기에 발생한다. 눈이 오지 않는 겨울철이나 강우량 적은 계절이 오면 수량이 부족해서 며칠씩 물이 끊긴다. 동네 방송하기 전 마을 이장의 목소리 가다듬는 마이크 잡음이 확성기를 통해 '빠지직' 들릴 때마다 가슴부터 철렁한다.

취사용 LP가스는 얼마 전 20킬로그램 한 통을 4만 6

천 원에 샀다. 면 전체에서 딱 한 업소가 영업하고 있는데, 배달이 밀렸을 때는 한동안 기다려야 한다. 겨울철이 다가올 무렵 난방용 등유를 보일러 연료 탱크에 채워둔다. 연말에 31만 원어치를 넣어뒀는데 실내 온도를 15~16도로 낮춰 어깨 으슬으슬하게 살아도 2월 초쯤 한 번 더 배달시켜야 이 겨울을 날 것이다. 러시아와 우크라이나 사이 전쟁이 지속되면서 유가는 더 고약해졌다. 산간 지역이어서 지상파 FM 라디오 신호가 거의 잡히지 않는다. 충주나 제천 시내로 오가는 버스는 하루에 서너 대뿐이다.

이렇듯 삶의 핵심 요소들이 허술한 망 한가운데 놓여 있다. 도회지는 고도의 편리성을 경제적으로 세련되게 직조한 공간이다. 그곳을 벗어난 장소에서 불편함과 마주할 때 그 고마운 사실을 인지한다. 그러니 8861킬로미터 떨어진 서울-런던 사이의 격차보다 불과 171킬로미터 거리 안에 있는 서울-덕산면 간 괴리감이 내게 더 크게 느껴지는 것은 당연한 일이겠다.

어느 순간 이상한 변화가 생겼다. 몸이 도시에서의 삶을 원하지 않는다는 게 느껴졌다. 회의하러 잠시 들른 서울. 목적지 반대 방향 지하철을 타고 있는 자신을 발견한다. 엉겁결에 바지 뒷주머니에 꽂아뒀던 교통카드도 잃었다. 끊임없이 이어지는 상가의 아케이드에 들어서면 정신이 혼미하다. 뭐든 사야 할 것 같았다. 좌우로 펼쳐진 매대 앞에 섰으되 정작 무엇을 사야 할지 막막하다.

덕산면에서는 '다모아' 종합상사와 '대림마트' 그리고 '흥원철물' 세 군데에서 모든 생필품을 해결할 수 있다. 반면 도시는 왜 이렇게 현란하고, 물건들은 넘쳐날까. 휴식 시간에 대한 갈망을 퇴근길 교통체증에 고스란히 내어주면서 다들 어찌 그렇게도 잘 견디면서 살아낼까. 50여 년간 대도시에서 보낸 시간이 내겐 되레 부박한 떠돎처럼 여겨진다. 궁벽한 산골 월악산 자락에서 나는 이제야 정신의 태반에 탯줄을 내린 것 같은 안도감을 느낀다.

사람이 어떤 공동체로
걸어 들어온다는 일은
그 자체가 희망이고, 새로운
연대의 출발점이다. 사람이 귀한
가장자리에서 대안적 문명이
발생한다.

생활 세계의 가장 변두리에서 우리나라를 조망해보니 도시와 농촌이 지나치게 불균등하다. 우리나라에는 나를 포함해 아직 465만 명의 '면민'들이 살아가고 있다. 그들 가운데 농가 인구가 230만 명이고, 곡물 자급률은 21퍼센트로 떨어졌다. 나는 교육자로서 학교라는 삶터가 있기에 이곳에서 살아갈 수 있지만 농사를 지으며 생업을 유지할 수는 없다. 내가 할 수 있는 일은 최소한 우리 학교 출신 젊은이들이 다시 돌아와 한번 살아봄 직한 지역공동체가 되도록 환경을 만드는 작업이다. 2021년에는 행정안전부 사업 공모에 응모하여 마을공방 〈설렘〉 짓는 일을 성사시켰다. 학교에 있던 '비누 향초 공방'이 〈설렘〉으로 입주했다. 앞으로도 교내 공방을 조금씩 마을로 이전해갈 예정이다. 아이들과 마을이 배움을 통해 만나는 가장 좋은 방법이기 때문이다.

쌀값에 임대 가능한 열여덟 채의 공동 사회주택 짓는 지원사업에서는 보기 좋게 낙방했다. 한국토지주택공사LH 공모 사업의 문턱이 낮으리라 예상하지는 않았다.

포기하지 않을 것이고, 또 기회가 생기면 되든 안 되든 다시 덤벼볼 작정이다.

땅이 넓고 공간은 탁 트여 있되 사람이 드문드문 퍼져 있는 지역에서 한번 살아보시라. 뜻을 가지고 뭔가를 시도해보려 할 때 가장 귀한 존재가 사람이라는 사실을 실감한다. 사람이 어떤 공동체로 걸어 들어온다는 일은 그 자체가 희망이고, 새로운 연대의 출발점이다. 사람이 귀한 가장자리에서 대안적 문명이 발생한다. 새로운 공간을 '찢어서' 열어놓을 때 바로 그곳으로 사람들이 모여들어 다른 세상을 꿈꾸며 오붓하게 살아갈 것이다.

《이스탄불》의 저자 오르한 파무크가 떠오른다. 파무크는 2006년에 노벨 문학상을 받은 튀르키예 출신 작가다. 기름기 쪽 빠진 그의 덤덤한 진술이 어찌나 마음을 강타하는지. 그는 말한다.

"도시의 운명도 사람의 성격이 된다."

　파무크의 언어를 양탄자 삼아《이스탄불》을 읽은 지 몇 년 후 그 도시를 탐방했던 기억이 새롭다. 전에 없던 지역공동체를 만드는 사업은 사람의 운명과 성격을 좌우한다. 그게 새로운 교육이 아니고 또 무엇이랴.

'접촉의 기억'으로
내 곁에
살아 계신 스승들

,

교육은 만남에
'이름표 붙이는' 행동

1987년 12월. 김영삼·김대중·노태우 후보 3파전으로 불꽃 튀던 초겨울, 13대 대통령 선거를 열흘쯤 앞둔 날이었다. '전국대학신문기자연합회' 발족식 당일, 나는 그 행사의 사회를 맡아 진행했다. 어느 대학신문의 편집국장이던 때였다. 식이 펼쳐지기로 한 학생회관 앞 민주광장에는 맵찬 바람을 맞고 선 깃발들이 세차게 펄럭였다. 재학생 대부분은 유력 대선 후보들의 연설을 듣기 위해 옥외 유세장으로 빠져나갔다. 텅 빈 교정에는 '무려' 150여 명도 채 안 되는 '전국' 대학신문 기자들만 듬성듬성 무리 지어 서 있을 뿐이었다.

축사를 고 송건호(1927~2001) 선생에게 부탁드렸다. 《동아일보》에서 해직당하고, 1988년에 《한겨레신문》을 창간하시게 되는 바로 그분을 막무가내로 초빙한 것이다. 이윽고 축사 낭독 차례가 되었다. 의자에 앉아 있던 송 선생은 외투를 벗어 등받이에 걸어놓더니 속주머니에서 메모지를 꺼내 또박또박 읽어 내려갔다. 내용은 내 기억에서 사라진 지 오래다. 하지만 사회자 마이크 스탠드 곁에서 나는 보았다. 칼바람이 민주광장에 휘몰아칠 때마다 부들부들 다리를 떨면서 추위를 견디던 한 사람의 노신사를. 외투 입기를 마다한 채 의자에 꼿꼿이 앉아 발족식이 끝나는 시점까지 학생들의 발언을 경청하던 옆모습을. 이 행사 참여 후 송건호 선생은 그만 독감에 걸려 일주일간 앓아누웠다는 뒷얘기를 들었다. 헤아려보니 선생의 나이 만 60세이던 때였다.

고 김정환(1930~2019) 교수는 페스탈로치 연구의 대가였다. 일본어, 영어, 독일어 자료를 넘나들며 평생 '인간주의 교육학'을 탐구했다. 대학원 수업을 정오 무렵 마치면 제자들과 학교 뒷산을 함께 오른다. 대화는 계속 이어지고, 근처의 허름한 보리밥집에서 점심을 나눔으로써 '진짜 수업'이 끝난다. 김 교수는 시야에 잡힌 풀 한 포기, 꽃 한 송이에도 애정을 가진다. 내가 썼던 날림공사투성이 논문에 대해서도 세심한 논평을 잊지 않았다. 다정하면서도 엄정하게 스승과 제자의 격을 지키기. 내가 배운 자세였다. 나는 고 김정환 교수를 학문적 업적으로 인해 기억하고 그리워하는 것이 아니다. 사물과 인간을 바라보는 따스한 시선과 준엄한 역사 인식, 몸으로 보여준 행동들이 종합적으로, 선명하게 내 신체에 각인되었기에 잊지 않는 것이다.

감각 자극이 우리 인간의 의식에 미치는 영향력은 상상을 초월한다. 나는 스승의 음성, 몸짓, 눈빛, 고뇌, 탐구 정신, 대화, 필체, 악수나 어깨동무, 열정, 청취 능력, 진실했던 자세들을 통해 무엇인가를 배웠다. 교육 상황에서 대면은 비대면보다 훨씬 힘이 세다. 메타버스와 블록체인이 보편화되어가는 이 시대에 웬 복고풍 '접촉 자극' 타령이냐고 타박해도 어쩔 수 없다. 나는 파워포인트 제작, 이미지와 영상자료, 타이포그래피 분야에 아주 민감하다. 강의 슬라이드의 논리적 구성과 스토리텔링 효과를 동시에 고려하면서 전달 요소를 전략적으로 배치한다. 또렷한 전달력을 이점으로 활용해 온라인을 통한 강의, 튜토리얼, 포럼, 세미나를 별 탈 없이 수행해왔다.

그런데도 비대면 수업을 마치고 날 때마다 허탈감으로 마음이 진공상태가 된다. '실물 강의실'에서 자연스럽게 온몸으로 감지할 수 있는 '수업의 아우라'를 온라인에서는 느낄 수 없기 때문이다. 시인 김수영이 〈사무실〉에서 노래한 것처럼 "청결한 공기조차 어즈러웁지 않은 것이 / 오히려 너의 냄새가 없어서 심심하다". 작년 말 어느 대학에서 요청한 온라인 특강을 맡아 진행했다. 60~70명쯤 되었던 참여 학생들의 줌 화면 가운데 70퍼센트가 까맣게 꺼져 있었다. 상대가 누구인지, 왜 내 강의를 듣게 되었는지, 내 말이 공감되고 있는지 전혀 알 수 없었다. 랜선 저 너머에 존재하는 화면 속 '검은색 격자'들이 내게 '시계 제로' 상황을 만들어주었다.

나는 정보 전달자로 온라인 유령처럼 떠돌기를 거부한다. 나는 정보나 지식, 경험의 단순 소유자가 아니다. 내 의지와 열정을 버무려서 미지의 삶을 헤쳐나가고 싶은 실존 인물이다. 어떤 방향이 옳은지, 최선인지 잘 모르겠기에 함께 질문을 던지며 답을 찾고자 하는 사람을 기다린다.

"만남은 교육에 선행한다."

독일의 유대인 사상가 마르틴 부버의 이 언명은 진실이다. 교육은 인간 사이의 만남을 해석하고, 그것의 의미를 찾기 위한 '이름표 붙이기' 행동이다. 비대면 상황에서 아직 스승이 필요하다면 교사와 학생이 인격적으로 어떻게 만날 수 있을 것인지 더 깊이 성찰해봐야 한다. 교육 상실의 시대, 그래야만 희미한 단서라도 생길 것 같다.

볍씨학교야,
새로 움을
틔우렴

,

'학교를 학교라 부르지 못하는'
초현실주의 너머에서

학교는 땅에 떨어진 작은 볍씨처럼 천왕동 차량기지 철
망 경계선 옆에 아늑하게 자리 잡고 있었다. 큰길 안쪽
으로 살짝 숨어 있는 데다 작은 동산과 소담한 운동장이
가로놓였기에 아이들이 뛰놀며 꿈을 키우기에 맞춤한
곳이었다. '광명YMCA 볍씨학교'. 2001년, 어린이 열한
명이 입학하면서 문을 연 국내 최초의 초등 비인가 대안
학교다.

평화롭던 학교에 1년 전부터 위기가 찾아왔다. 3기
신도시 계획에 볍씨학교의 배움터가 포함되었다는 것
이다. 냉·난방이 '완벽하게 안 되는' 컨테이너 교실을 한
동씩 늘리거나 고쳐가며 어렵사리 살아오다가 3천 제
곱미터쯤 되는 학교 터에 새 건물을 완공한 지 5년 만의
일이다.

왜 이런 사태가 생겨났을까? 현행법으로 볼 때 비인
가 대안학교는 '학교'가 아니기 때문이다. 파이프 한 개
를 버젓이 그려놓고도 그 아래쪽에 "이것은 파이프가

아니"라고 써놓은 벨기에 화가 르네 마그리트의 초현실
주의 작품 같은 형국이다. 하지만 오늘날 볍씨학교가 당
면한 상황은 초현실이 아니라 엄연한 현실이다.

법리를 다퉈볼 여지는 아직 남아 있다. 〈공공주택 특
별법〉의 취지에 비추어 볍씨학교 건물이 새로 조성될
주택지구 안에 존치 가능한 건축물로 인정받으면 된다.
허가받은 건물인가, 토지이용 계획으로 받아들일 수 있
겠는가, 공익이나 경제적 관점에서 존치가 현저히 유익
할 것인가를 따져보는 것이다.

지난해 마음 졸이며 여러 차례 만나보았던 한국토지
주택공사 당국자는 "글쎄요, 그게 될까요?"라며 시큰둥
한 반응을 보였단다. 강옥희 거름선생님(교장을 이르는
말)은 "학교를 지키기 위해 무엇이든 시도해볼 계획"이
라며 결의를 내비친다. 광명시장에게 지원을 요청하고,
언론사에 현재의 처지를 널리 알리려 한단다. 새로 제정
된 〈대안교육기관에 관한 법률〉이 정한 대로 조만간 교
육기관 등록을 마쳐 '학교'의 지위를 획득하려 시도했으

나 2022년 8월에 열린 경기도교육청 심사를 통과하지 못했다. 한국토지주택공사 측은 조만간 지구 지정을 확정한다고 통보해왔으니 강 교장에게 남은 시간은 촉박하다.

볍씨학교가 당면한 어려움은 우리나라 비인가 대안학교들의 과거와 현재를 비추는 거울이다. 20여 년 동안 그래왔다. 뛰어난 성품과 무술을 갖추고 있으면서도 '아버지를 아버지라 부르지 못하는' 홍길동 같은 존재로 정처 없이 떠돌았다. 2000년대 초반 자녀의 취학 의무를 '유예'하고 대안교육을 찾아 나섰던 부모들은 주변의 사나운 눈총을 의식해야 했다.

학교 민주주의 실행, 사랑과 존중으로 학생 대하기, 프로젝트와 여행을 통한 학습, 통합 학년 실험과 생태주의 실현 등 다양한 교육실험들이 대안학교 현장에서 펼쳐졌다. 틀에 꽉 짜인 공교육을 견디지 못했던 아이들에게 숨 쉴 수 있는 대안적 교육공간을 제공해왔던 것이다. 공교육에서는 대안학교에 자주 도움을 요청한다. 혁신학교를 시작할 때, 미래학교의 향방을 가늠할 때, 교사들의 창의력을 자극하려 할 때, 교육과정을 새로 개편하려 할 때마다 대안학교를 탐방하고, 필요한 자료를 구해서 돌아갔다. 한참 지나면 다른 교사들이 또 다른 과제를 안고 되찾는다.

대안학교 교사들은 낮은 임금과 과중한 돌봄노동을 감내했다. 교실은 여전히 컨테이너 상자 위에 방수포를 얹어서 유지하고, 열정 넘치는 학부모들이 주말을 이용해 시설을 관리하러 팔을 걷어붙이고 나선다. 적은 수의 뜻있는 학부모들은 학교 공간이 주는 '불편함'과 '서로의 노동'을 매개로 하여 자녀의 학교를 자신들 공동체로 전환해나갔다.

대안학교는 위기에 처한 공교육 출신 학생을 '위탁'하는 곳도 아니고, 필요할 때마다 '혁신 사례'를 수집하여 공교육에서 참조만 하는 대상도 아니다. 공교육과 대안교육은 서로에게 든든한 협력자가 되어주어야 한다.

학부모의 자녀교육 의무가 공교육 안에서만 이뤄져

야 할 당위는 없다. 학교와 교육과정의 다양성을 열어두자. 국가는 교육혁신과 실험을 자발적으로 실행하고 있는 대안학교의 가치를 인정하고, 지원해야 한다. 대안학교를 교육혁신의 동반자로 받아들이는 일은 공익에도 부합한다. 그렇기에 덴마크에서는 공교육 대비 80퍼센트 정도의 운영비를 대안학교에 공적 재원으로 지원한다. 대신 덴마크 교육부는 대안학교에 세 가지 원칙만은 반드시 지킬 것을 요구한다. 기초학력의 유지, 민주적 학교 운영기구의 확보, 종교적 편향성 교육의 지양이 그것이다.

이제 봄이다. 볍씨학교가 어려움을 견디고 푸릇하게 새 움을 틔울 수 있기를 소망한다.

미술관에서
떠올린
'교敎'통사고

,

"아름다워. 그니까, 네가 와서 봐!"

그림은 우연히 들른 손님처럼 '쓱' 다가왔다. 서른 살 무렵 유학 시절이었다. 걸어서 통학하던 길 중간에 런던국립미술관이 자리했던 것이 계기다. 43번 방에서 만났던 반 고흐의 〈해바라기〉와 〈삼나무가 있는 밀밭〉. 충격이었다.

작품의 조형미에 반한 게 아니었다. 고흐가 캔버스 위에 찍어 바른 유화 붓 터치의 거칠게 회오리치는 질감 때문이었다. 내 망막에 맺힌 매체는 유화 물감이 분명했다. 하지만 그 작품 앞에서 격렬하게 요동쳤음 직한 고흐의 감정을 캔버스 위에 발린 유화의 춤사위 속에서 느끼고야 말았다. 아니, 물감이 감정을 외치다니. 그것도 100년 전 고흐가 가졌을 법한 정서를. 이건 뭐지? 그날 그 감흥은 요즘 '덕후'들이 말하는 '덕통사고' 딱 그거였다.

지난 주말에 우리 학교 아이 열 명을 데리고 국립현대미술관 청주관을 찾았다. 그렇다. 자그마치 '현대미술관' 말이다. 아침 8시. 미술관을 가겠다 자원한 '어여쁜' 아이들을 12인승 스타렉스에 태우고 2시간 운전하여 이동했다. 이게 어디냐 싶다. 국립현대미술관 세 개가 모조리 서울이나 수도권에 몰려 있었는데, 2018년부터 청주에 번듯하게 하나가 선물처럼 들어선 것이다.

5층 전시관에 들어서기 전 아이들에게 '현대미술 예방주사'를 놓아줬다. 그냥 입장했다가는 '이게 뭐지', '말이 돼?'만 연발하다 나올 게 뻔했으니까. 피에로 만초니의 '똥 통조림' 작품 사진을 보여줬다. 이탈리아 예술가가 1961년에 만든 것으로 '신선하게 보존된' 작가의 똥 30그램이 담겨 있다. 90통을 만들었는데, 당시 개당 판매가는 4만 원 정도였다.

"얘들아, 이 작품은 10년 전쯤 한 경매에서 4억 5천만 원에 팔렸단다. 그러니까 미술의 대상이 꼭 아름다움이어야 한다는 말은 이젠 할 수 없겠지?"

이 같은 방식으로 현대미술을 바라보는 열 가지 관점에 대해 간략히 설명해줬다.

"왜 물감은 꼭 사물을 묘사해야 하지? 반대로 생각해 보자. 그냥 색깔이 자기주장을 하면 안 될까? 표현 소재가 왜 반드시 물감이어야 하지? 버려진 합판이나 녹슨 쇠붙이여서는 안 될까? 저 전시관에 들어가기 전에 우리가 알고 있던 미술에 대한 고정관념을 버리고 가보자."

아이들 표정이 덤덤하다. 내 뜻이 전달된 건가, 아닌가?

두루 다녀보니 런던국립미술관은 중세 초기부터 후기인상주의 시대에 이르기까지 700여 년 동안 세기별로 고른 수준의 소장품을 갖춘 유럽 최고의 미술관이었다. 일반 관람객이 이 미술관 안내도에 적힌 전시관을 번호 순서대로 좇아 충실히 감상했다면 그는 이미 '유럽 미술사'라는 긴 동굴을 통과한 사람이 된다. 입장료가 무료다. 나처럼 가난했던 유학생에게는 이 점이 중요하다. 좋아했던 작가, 관람실, 미술사조나 시대 관련 전시실을 몇 번이고 찾아가서 질리도록 그림을 바라볼 수 있었다.

파리의 퐁피두센터는 12만여 점의 현대미술 작품을 소장 전시한다. 건물 속으로 들어가야 할 것 같은 각종 파이프를 죄다 밖으로 드러낸 구조로 유명하다. 렌초 피아노의 건축 디자인 자체가 도시에 새로운 아이디어를 '촉구'하는 모양새다. 나는 이 미술관 5층에 전시된 작품들이 인상 깊었다. 그들은 그 전시실에 걸려 있음으로써 이제 막 '작품이 되어가고 있는 중'인 것 같았다. 말할 수 없이 조잡하거나 기이하거나 우스꽝스러운 아이디어들을 뿜어내고 있었기 때문이다. 결연하게 새로움을 추구하려는 몸짓이 미술관 안팎에서 펼쳐지고 있음을 퐁피두센터에서 느꼈다.

저술가 박홍순은 《미술관 옆 인문학》에서 유명 미술 작품과 인문학 고전 사이를 넘나들며 새로운 생각을 이어가고 있었다. 예를 들어 히에로니무스 보스가 그린 〈쾌락의 동산〉을 프로이트의 《정신분석 강의》에 빗대어 견주는 방식이다. 이렇게 재미난 상상이 가능해진다면 여러 분야에 걸쳐 '덕'통사고를 열 번이라도 당하고 싶다. 아니지, '교敎'통사고라 해야 할까? 역사, 문학, 미술 콘텐츠와의 우연한 만남이 아이들 내면을 어떻게 변화 시킬지, 교육자인 우리는 사실 잘 알지 못한다.

관람을 마치고 몇 장의 활동지를 나눠주자 아이들은 20분 가까이 품을 들여 진지하게 써나간다. "가장 인상 깊었던 작품 하나를 떠올리고, 그것을 친구에게 전화로 설명하듯 풀어보라" 했던 항목에 대한 답변 가운데 걸 작 하나가 나왔다.

"최소영 〈푸른 풍경〉, 찾아봐. 청바지로 만든 게 다른 작품보다 노력한 것 같아. 아름다워. 그니까, 네가 와서 봐!"

존경스럽고
매력적인 인물,
철수세미

,

전 존재를 거는, 교사의 자세에 대하여

학교에서 별칭은 '철수세미' 또는 '좌알쓰'. 경남 함양에서 나고 자란 이철수. 1985년 대학에 입학했고, 곧 학생운동에 뛰어들었다. 졸업 직후 선반 기술을 배워 자동차부품 생산공장에 입사한다. 그로부터 17년. 대구·경북 지역에서 노동운동을 하며 갖가지 직책을 맡았다.

당시 노동운동 현장, 짐작이 간다. 동지들에게서 무한한 힘을 얻었겠지만, 예기치 않은 배신도 당했을 테고, 우여곡절이 많았겠지. 새로운 세상을 꿈꾸며 현실의 강팍함을 견뎠을 것이다.

2009년, 경북 고령으로 귀농한다. 벼농사, 밭농사, 딸기잼 가공 등을 시작했으나 현실은 우리의 철수세미 선생을 평범한 농부로 놓아두지 않는다. 고령군농민회에 가입했고, 이 단체의 사무국장을 맡은 뒤 6년이 더 흘렀다.

그동안 일 무더기와 사람 숲 사이에서 상처받았고, 우울해졌고, 소진됐다. 세상의 정의를 위한 싸움이 중요했으나 차츰 자신의 행복도 찾고 싶었다. 삶의 전환이 필요했다. 2014년, 간디대학원 교사 양성과정의 문을 두드린 배경이다. 산청간디어린이학교에서 인턴 과정을 마친 이듬해, 이철수는 제천간디학교의 교사가 된다.

철수세미는 단아하고 다부진 체형을 갖고 있으며, 약간 긴 상고머리에 뿔테 안경을 썼다. 동안에 맑은 눈빛을 가졌다. 의령을 '어령'이라고 발음해서 동료 교사들에게 놀림받기도 한다. 서부 경남 지역 악센트가 살아 있는 그의 발성과 발음은 낭랑하고 또렷하고 정겹기만 하다. 아이들에게 상냥하고 성실하다. 포크 기타를 잡고 〈바로 그 한 사람이〉를 부를 때는 영락없는 청년 시절로 되돌아간다.

이철수는 노동인권, 농사, 생활기술작업장을 맡고 있다. 중1~고1 사이 통합반 아홉 명을 책임지는 담임교사이기도 하다. 한반도의 평화와 통일을 이해하고 실천하는 교내 동아리 '통통통' 지도교사까지 맡았다. 학년 초에 아이들이 붙인 반 이름은 '기노철'. '기타 치고 노래하는 철수 샘 반'의 줄임말이다.

2019년부터 2년 동안은 학교 시설설비 돌보는 역할을 부탁하자 기꺼이 맡았다. 40년 넘은 옛 '국민학교' 건물을 교사로 사용하고 있기에 배수, 전기, 난방 등 시설 관리에 잔손이 많이 간다. 바쁜 와중에 생활기술작업장 아이들과 한 학기 동안 협력 작업을 통해 도시에서 볼 수 있는 신문 판매대 정도 크기의 생태 화장실 한 칸을 완성했다.

이철수는 몇 해 전 덕산면 월롱마을에 있는 밭 1900제곱미터를 사들여 율무 농사를 시작했다. 농업인 등록을 마친 농부이기도 하다. 작년에는 율무 팔아 남긴 적은 수익으로 떡을 주문해서 교무실에 돌렸다. 농약과 제초제를 사용하지 않고, 자투리 시간을 이용해 짓는 농사라 절대 쉽지 않다.

그가 고3 졸업반 담임을 맡았던 때가 기억난다. 유난히 선생 말 잘 안 듣던 아이들 서너 명이 그 학년에 뭉쳐 있던 해였다. 생활교육이 버거웠다. 기숙사에 늘어져 있던 아이들은 '아침열기'에 안 나타나기 일쑤였다. 철수 세미는 생활관으로 올라가서 아이들을 설득하고 달래서 데리고 내려온다. 이루어질지 모를 약속과 다짐을 아이들과 다시 하고 또 기다려준다. 일주일간 교외에서 진행했던 프로젝트 수업 중에는 아이들이 사고를 내서 해당 지역 경찰서를 오가야 했다. 그런데도 "조금 힘들었다"는 정도로 말했지, 아이들을 원망하거나 비난하는 소리를 입 밖으로 낸 적이 없다.

사람들은 '대안적 세상'이나 '미래사회'를 자주 거론한다. 자신의 가치를 실현할 수 있는 공동체를 꿈꾼다. 그렇게 하려 할 때 명심할 일이 하나 있다. 경청과 인내가 그것이다. 자신의 신념이나 살아온 결대로만 가르치지 않겠다는 여유로움 말이다. 아이들과 부대끼며 소통하기를 바란다면 교사에게 이 자세가 꼭 필요하다.

장 자크 루소는 자기 학생이 '농민처럼 일하며, 철학자처럼 사색하길' 바랐다. 학생들을 그런 사람으로 변화시키려면 교사는 자기 존재를 걸어야 한다. 꼭뒤를 모두

보여주면서 아이들과 함께 뒹굴어야 교사 자신도 한 뼘씩 성장한다. 자신의 인격과 지성, 즉 삶 전체라는 자원을 죄다 끌어 써야 아이들 마음이 약간이라도 움직인다. 철수세미 같은 선생들이 전력을 다하고 있는 학교와 교무실은 세상 최고의 사범대학이다. 생애사 연구를 해보고 싶을 만큼 다양한 삶의 경로와 사연을 간직한 우리 교사들. 이철수는 그 교사 공동체를 구성하는 22분의 1이다. 그에게 존경심과 매력을 동시에 느낀다.

식당털이 사건으로
바라본
집단의 특성

,

도덕적 인간과 비도덕적 사회

간밤에 식당이 '털렸다'. 자정을 넘긴 어느 시점, 남자아이 네 명이 무리 지어 기숙사를 빠져나온다. 학교 식당에 잠입, 대형 가스버너에 불을 댕긴다. 라면 몇 봉지 끓여 먹고 어둠 짙은 산길을 더듬어 돌아온다. 아이들 표현으로 '식당털이'다. 간단하다. 하지만 2022년 '새로고침 학생회' 법무부가 정한 생활 규칙을 명백히 위반하는 행동이다.

사실이 드러날 때마다 교사는 움찔한다. 본관 식당과 기숙사 사이 거리는 973미터. 15분 걸린다. 어두운 새벽, 야생동물의 출현이나 가스 사용 위험, 책임자 없는 상황의 방치. '식당털이' 행동 속에는 현실로 변할 수 있는 아찔함이 늘 담겨 있다. 2주 전 학생회는 새벽 식당 내려가기 금지 캠페인 영상을 6분 분량으로 만들어 상영을 마쳤다. 수요일 오전, 나는 전교생을 다시 모았다. 안전과 건강 관련 교칙 위반 자제를 거듭 요청했다.

목요일 오전, 학생 간담회가 열렸다. 습관적인 위반

행위로 생활 규칙을 가벼이 보는 교내 문화를 중단시켜
보자는 취지였다. 그 모임 직후 남학생 세 명이 학교 옆
'우리상회'에서 일반 식품을 사 먹는 현장을 생활교사가
목격했다. 이 역시 법무부가 정한 먹을거리 규칙 위반
이다. 소식을 들은 학생들은 분기탱천했고, 교사들 역시
시름이 깊어졌다. 금요일에 '스탑회의'를 열었다. 교사
와 학생 110명이 강당에 모여 앉아, 각자 돌아가며 한마
디씩 말을 이어갔다. 아래의 인용문들은 학생들이 한 명
씩 돌아가며 했던 자유발언이다. 개별 주장들 사이의 연
관성은 따로 없다.

> "규칙을 어긴 사람들이 되레 '넌 아직 (새벽 식당) 안 내려갔
> 었냐?'라고 놀리며 다닙니다. 이게 말이 되나요?"
> "후배들이 학교의 분위기를 읽는 눈이 없어진 게 이해 안
> 갑니다. 선배들의 역할을 다시 생각해봐야 합니다."
> "규칙을 지키는 사람이 오히려 왕따 되는 문화부터 바꿔야
> 합니다. 소수만 노력해서는 되지 않아요."

"공동체는 신뢰를 기반으로 유지하는 것인데, 지금 우리에게는 사용할 만한 신뢰가 남아 있지 않습니다."

"후배들은 저에게 '진지 까지 마라'고 항변합니다. 그럼 어쩌자고요. 진지해져야 바뀌죠. 제발 진지해집시다. 우리 마음 다시 돌아봐야 합니다."

"규칙 때문에 짜증 난다는 얘기 많이 하죠. 그거 우리가 만든 것들이에요. 논의해서 바꿔보려고 한 번도 노력해보지 않았으면서 그냥 규칙 어긴 다음 변명이나 해대다니요. 비겁해요."

"혼자만 규칙 잘 지키면 그렇지 않은 친구들과 관계가 일그러질까 봐 불안했던 것도 사실입니다."

"경각심 갖거나 지금 같은 심각한 분위기를 지속하기에는 유통기한이 있습니다. 시간이 지나면 또 느슨해지죠. 저는 한 번도 규칙 어긴 적이 없었는데요, 그 이유는 두 가지입니다. 우리를 믿으면서 항상 걱정해주시는 선생님들을 배신할 수 없어서입니다. 또 하나는 규칙으로 학교 질서를 유지하려 애쓰는 법무부 친구들의 노력을 보면서 각성하기 때문이에요."

"저는 발언하지 않겠습니다."

"우리 모두 규칙에 끌려다니지 말고 신념대로 그걸 완성하면서 나가야 합니다. 비난과 질타는 자제하고 서로 이야기를 주고받읍시다. 그래야 변화를 바라는 모두에게 도움이 되죠."

눈을 반쯤 감고 아이들 견해를 들었다. 교사가 필요한 지점이 더 있을까 싶었다. 아이들 말에 이미 모든 답이 들어 있는 것을. 윌리엄 골딩의 소설 《파리 대왕》이 떠오른다. 고립된 무인도에 표류한 소년들 사이에서 점점 동물적 본능을 드러내던 잭 일당에 반대하며 끝까지 이성을 지키고자 했던 소수파 '새끼돼지'와 랠프는 외친다.

"규칙을 지켜 합심하는 것과 사냥이나 하고 살생하는 것, 어느 편이 낫나?"

우리 아이들이 겪는 혼란의 실체는 '집단'의 특성을 아직 이해하지 못한 데서 온다. 위의 발언에서 보듯 개인적인 이성 판단에 별 이상은 없다. 문제는 무엇인가 스릴감 있게 규칙을 어겨보려고 애를 쓰는 '집단'이 존재한다는 것이다. 우리 학교 식당은 항상 개인이 아니라 '집단이 털었다'. 개인과 비교할 때 집단은 충동을 억제하는 이성, 타인의 욕구를 수용하는 능력을 훨씬 결여하고 있다. 집단이 보여주는 비도덕적 이기심, 이 문제를 풀어야 한다. 내 주장이 아니다. 미국 정치철학자 라인홀드 니부어가 1932년《도덕적 인간과 비도덕적 사회》에서 이미 간파했던 집단의 특성이 그러하다. 2022년 대통령 선거와 지방선거 과정과 결과를 보라. 한국 사회의 정치 공동체는 대낮에 내 '마음을 털어갔다'. 뭐라 하겠나. 나도 그 집단의 일원인 것을.

학부모라는
이름의
'불안'

,

아찔한 현기증 속에서
양육의 자유를 누리자

성장기 자녀를 둔 학부모는 '취약계층'이다. 그들 가슴에 저마다 투명 이름표를 달고 있는데 '마음불안학교'에 재학 중이라 적혀 있다. 한국 사교육은 불안한 마음이 키운 거대 시장이다. 학원은 세련된 영업 전략으로 불안을 증폭하며 학부모와 공생한다. 그런데도 부모들에게 학원은 신경안정제와 같다. 교육소비자 역할에 몰두하면 교육경쟁이 불러일으킨 불안과 압박에서 잠시라도 벗어날 수 있다.

구원예정설의 핵심 내용은 오직 신만이 구원의 방식을 결정한다는 것이다. 신자는 그저 지칠 줄 모르는 신앙심을 유지하면서 신의 영광에 복무하는 직업노동에 충실히 종사해야 한다. 의심 없는 믿음과 실천. 신의 '선택'을 기다리는 신자의 바람직한 자세다.

현대 한국의 '학벌교'가 이와 똑 닮았다. 자녀의 구원을 위해 학부모는 사교육계 '1타 강사'를 교주로 섬기며 매달릴 수밖에 없다. 성공에 대한 믿음을 지켜가며 일상의 불안을 견디는 것이다. 사회학자 김형준은 이런 현상을 두고 '연명교육'이라 이름 붙인다. 비록 확률은 낮을지라도 자녀의 학업 성공에 대한 기대와 희망을 포기하지 않은 채 가정의 모든 자원을 투입하는 교육을 이른다.

연명교육은 이루지 못한 내 욕망을 아이에게 투사하는 행동일 수 있다. 또한 경쟁사회에서 뭐라도 하지 않을 수 없는 '부모의 도리'가 사교육 참여 행동에 깔린 윤리적 정서의 바탕을 이룬다. 바람직하지 않지만 부끄러울 일도 아니다. 나도 그랬고, 한국 사회의 거의 모든 부모 역시 그렇게 살아왔다. 문제는 과연 언제까지 우리가 그럴 수 있겠느냐는 것이다.

매년 10월, 우리 학교 신입생 지원자와 부모님이 쓴 입학지원서를 읽는다. 가장 많이 만나는 이야기는 '탈옥 서사'다. 부모 세대가 경험한 무한경쟁 반복 개미지옥을 자녀에게 물려줄 수 없다는 결단이 지원 동기 가운데 으뜸을 차지한다.

크게 작심하여 홍해를 건넜지만, 대안학교라는 가나안 땅에는 젖과 꿀이 넘쳐나지 않는다. 결단은 시작일 뿐 '어떻게' 진정한 학부모로 거듭날 것인가를 알려주는 이는 거의 없다. 학교에서는 "이제부터 자녀들을 함께 키워야 한다"면서 믿고 지켜보라 한다. 입학 뒤 한두 해 아이들을 관찰해보니 자유를 누리면서 친구들과 행복하게 지내는 것 같기는 하다. 하지만 뭘 안 해도 부모의 예상보다 훨씬 심하게 안 하는 것으로 보여 불안감이 스멀스멀 피어오른다.

지난 6년간 약 400명의 학부모를 만났다. 각종 위원회 회의, 학부모 연수, 포럼, 공동작업, 술자리, 개별 면담, 발표회, 독서회, 간담회, 지역모임, 마을축제, 장터, 온라인 커뮤니티 등에서 만나 갖가지 이야기를 나눴다. '자발적 비주류'를 선택할 만큼 강단지고, 의식도 깨어 있는 학부모들이었다. 그럼에도 학부모가 대안학교와 청소년의 성장에 관해 웬만큼 몸으로 이해하는 데까지 6년이 걸린다. 졸업을 앞둔 즈음 프로젝트 발표회를 참

관하면서 부모들은 손수건으로 연신 눈꼬리를 닦는다. 지난 세월 불안 속에서도 참고 기다리며 말없이 자녀를 지원했던 자신을 위한 다독거림의 눈물이리라.

교육을 통해 다음 세대에 전달하려는 것은 지식, 기술, 태도다. 학교에서 지식을 전수하는 일은 상대적으로 쉽다. 물론 지성으로의 전환까지 이뤄내기엔 여전히 어려움이 있지만. 자격증을 주지 않는 기술의 전수는 고난도 교육이다. 예를 들어 의욕 없는 모둠원들을 챙겨서 프로젝트 수업을 성공적으로 이끄는 아이의 사회적 기술에는 최고 점수를 줘야 한다. 또 낯선 외부 방문객을 대할 때 당당하면서도 예의 바른 태도를 보여주는 아이의 자세는 어떠한가. 올바른 지식, 기술, 태도를 전수하는 일이 어려우므로 학교는 가장 손쉽게 관리하기 좋은 시험과 경쟁 체제 속으로 학생과 부모들을 밀어 넣었다. 한국 사회가 교육을 잃은 채 헛된 공정 체계에 휘둘린 계기다.

청소년들 곁에서 지켜보니 아이들 발달에는 일정한

법칙이 없고, 정답도 없다. 광활한 우주에서 일어나는 행성들의 움직임은 뉴턴이 제시한 운동법칙 세 가지로 모두 설명할 수 있지만 말이다. 아이들이 성장하는 양상은 우주의 움직임보다 광대하고, 불규칙적이며, 불안하다. 학부모 연수의 끝자락에서 나는 키르케고르의 이 말을 자주 전한다.

> "불안은 자유라는 이름의
> 현기증이다."

용기를 내어 대안학교를 선택했지만, 불안 속에서 고립된 채로 아이를 혼자 감당하기는 어렵다. 교사와 학부모가 아이를 함께 키워야 하는 이유다. 아직 불안하신가? 서로의 손을 붙잡고 아찔한 현기증 속에서 양육의 자유를 한 움큼씩 더 누리자.

교사의 소진과
'애정 철회'
현상

,

그 순간 가르침은 멈추고,
학교는 위기를 맞는다

✦

해마다 7월 초순 무렵이면, 조마조마하다. 학교 떠나기로 마음먹은 교사들이 있다면 내게 최종 통보하는 시점이기 때문이다. 지난해 2학기를 마친 직후 교사 다섯 명이 학교를 떠났다. 스무 명 교사 가운데 25퍼센트가 사직했으니 전례 없던 일이었다. 게다가 경력 2~5년 사이 젊은 교사들이 떠났다. 남은 동료 교사들의 충격이 컸고, 학부모와 학생들의 마음 흔들리는 기색도 역력했다.

비인가 대안학교는 '좋은 뜻을 품은' 사람들의 집합체다. 어쩔 수 없이 타인의 선의에 의지하며 유지된다. '그러니까' 모여든 게 아니라, '그럼에도' 모인 집단이다. 이런 근무 환경에서 자신의 힘겨운 상황을 드러내어 호소할 수 있는 거의 유일한 행동이 "떠나겠다"는 선언이다.

학교 살림 빤히 아니까 연봉 올려달라 하기 어렵다. 수평 조직 구조를 가진 탓에 20년을 근무한들 승진이라는 것은 없다. 맡은 반 아이들 삶 전체를 돌봐야 하므

로 학생 면담이나 학부모와의 소통은 퇴근 시간과 무
관하게 지속되는 일이 잦다. 여기까지는 그나마 양반이
다. 학교 안팎에서 벌어지는 사건 사고에 담임반 아이
가 연루되면 특임 팀이 별도로 생겨난다. 이에 따른 대
책 회의, 학부모와 정보 공유 등으로 숱한 불면의 밤을
보낸다.

대안학교 교사의 '물러남'은 착잡한 풍경이다. 지난 6
년 동안 내 곁을 떠난 교사들 이름을 떠올려보았다. 열
여섯 명이나 됐다. 대안학교 교사가 학교를 떠나는 요인
은 다양하다. 생활고로 인한 다른 분야 구직, 학내 갈등
사건 여파에 따른 상처, 다른 직업군으로 전직, 외부의
공공 또는 민간 기관 책임자로 임용, 다른 교육기관 종
사, 개인사업 등으로 파악된다.

학교를 떠나는 교사들과 갖는 마지막 인터뷰는 늘 울
적하다. 두 가지 마음이 들어서 그렇다. 첫 번째는 그들
을 떠나보낼 수밖에 없는 까닭이다. 그것은 하나의 요인
으로 집약된다. 학교가 교사들에게 나눠줄 수 있는 자원

이 한정됐기 때문이다. 두 번째는 '대안'이라는 문패를 내세운 학교에서 교사 개인이 감내해야 할 덕목과 의무가 무겁다는 점이다. 도시에서, 주류 문화의 한가운데서 활짝 피어나고 싶은 20대와 30대 청년 교사들의 욕구를 고려해보라. 그들이 입사해 따라야 했을 우리 학교의 오래된 원칙이나 관행은 한참 전에 묻어둔 '타임캡슐'로 여겨졌을지도 모른다.

우리 교사 공동체에는 일반 사회처럼 징계, 정직, 대기발령, 해고 같은 인사 규정이 없다. 교사 자신의 결정으로 그만둔다. 그럼에도 우리 공동체를 즐거운 마음으로 떠나는 경우는 별로 없다. 퇴직 결심의 직접적인 계기는 '소진'이다. 지나친 직무 스트레스가 마음과 행동에 부정적인 결과를 가져다주어 교사의 신체나 정신을 고갈시키는 현상을 이른다.

교무실 안의 갈등이 크게 불거져서 심리적 타격을 입힐 때가 있다. 학생과 교사 사이, 또는 학부모와 교사 사이의 긴장감도 현장 경험이 짧은 교사들에게 엄청난 스트레스 요인이다. 자녀의 학교생활에 관한 세부 사항을 속속들이 알고 싶어 하는 학부모의 욕망, 근거 없는 소문에 대한 확인 요청, 일어나지 않았던 일에 대한 문의, 자기 자녀 중심적 상황 인식과 문제 해결 요구, 자녀의 성장이나 발달에 민감한 부모들과의 일상적인 면담. 담임교사는 업무 외 시간에도 마음 챙겨야 할 일들이 무척 많다. 거의 같은 이야기를 며칠에 걸쳐 반복해서 학부모와 전화로 통화하고 돌아서면 솔직히 교사들은 지친다. 스스로 평가하기에 매끄러운 소통 기술이 부족하다 여기는 교사, 또는 면담자의 정서에 '편이 되어주어야' 한다고 느끼는 교사들은 학부모와의 대면·비대면 소통 과정에서 마음의 품을 훨씬 더 크게 써야 한다.

찬찬히 되짚어보시라. 아이들이 학교생활에 매력을 느끼며 눈빛 살아 있을 때가 언제였는지. 교과 지도나 동아리 활동, 학생 면담, 현장 탐방에 열성을 보이는 교사 등 푸른 활어처럼 아이들과 푸드덕거리며 적극적으로 움직이고 있을 때였을 것이다.

교직은 의료나 사회사업처럼 대표적인 '조력 전문직'이다. 교사의 몸과 마음이 다치면 다른 이를 도울 수 없다. 특히 대안학교에서 갖가지 불리한 조건을 감내하며 자발적으로 선의를 베풀고 있는 교사들이 소진됐을 경우 그들이 최후에 할 수 있는 선택은 '애정 철회'밖에 없다. 교사가 그 '마지막 옵션'을 선택하는 순간 가르침은 멈추고, 학교는 위기를 맞는다.

그나저나 올해 간디공동체를 떠나는 교사는 몇 명이냐고? 그건 연말까지 영업비밀이다.

삶을 위해
복무하는
배움의 즐거움

,

'기초교육'이라는 맛없는
차림표는 이제 그만

"수학이 이렇게 재미있는지 몰랐다. 사회는 문제 내는 사람의 의도가 이해 안 된다. 내가 과학을 이토록 좋아할 줄 몰랐다."

올해 우리 학교를 졸업한 규리의 말이다. 졸업 직후 고등학교 검정고시를 보려고 두 달 동안 학원에서 공부하며 느낀 소감이라 한다.

재학 시절 규리는 도예 작업장에서 흙 만지며 도자기 소품 만드는 활동을 좋아했다. 발달장애인 디자인랩에서 3주, 시민단체 '장애와인권발바닥행동'에서 4개월 남짓 사회체험학습도 경험했다. 예술이나 인권과 관련한 일을 하지 않겠나 짐작했는데 웬걸, 졸업 뒤 첫 진로를 대학 진학으로 정한 모양이다. 자기 삶을 설계하는 과정에서 만난 교과 공부에 흥미를 느끼고 있다는 사실이 반가웠다.

우리 학교를 마친 아이들은 사회에서 여러 경험을 두루 겪으며 뜻 세우는 시간을 가진다. 대학 진학을 하더

라도 졸업 뒤 2~3년, 병역의무를 마치는 경우에는 3~4
년 뒤에야 입학한다. 그래도 살아가는 데 큰 문제가 없
었다고 말한다.

의문이 인다. 우리 사회는 왜 '열아홉 살에 대학에 들
어가야 한다'는 관념이 확고할까? 또 있다. 이른바 '기초
교육 중시론'이다.

"아이들이 자유롭게 크는 것도 좋지만, 그래도 청소
년 시기에 꼭 필요한 교과 지식은 기본으로 배워야 하는
거 아닐까요?"

학교 밖에서 강연을 마치고 나면 청중이 꼭 던지는
질문이다.

OECD가 2019년에 발표한 자료를 보면, 한국의
25~34세 대학 졸업자 비율은 70퍼센트다. 미국 52퍼센
트, 핀란드 45퍼센트, 독일 35퍼센트에 비해 월등히 높
다. 45~54세 대졸자 비율은 한국 46퍼센트, 미국 52퍼
센트, 핀란드 51퍼센트, 독일 29퍼센트다. 우리나라 사
람들은 중년에 접어들면 대학교육에 도전하지 않는다

고 추론할 수 있겠다. '기초교육'이 무엇인지도 불분명하다. 국민 '공통교육'을 실시하는 우리나라 인문계 고등학교의 일반 교과는 97개 교과목으로 나뉜다. '일반선택'으로 좁혀도 51개 교과다. 이 가운데 무엇이 '기본으로 배워야' 할 교과 지식일까?

영어를 예로 들어보자. 한국인은 중학교부터 대학까지 10년 동안 학생 1193만여 명이 영어를 배우는 데 연간 평균 120만 원을 지출한다. 한 해 14조 원이다(삼성경제연구소, 2006). 그 결과는 어떤가? 대부분은 영어 영화를 자막 없이 감상하지 못한다. 수학이나 과학 지식을 실생활에서 응용하지 못하는 것도 마찬가지다. 어린이, 청소년 시기에 가장 많은 시간을 할애해서 배웠던 지식교육의 의미는 어디에 있을까. 실용적 측면을 볼 때 그 효능감이 초라하고, 지식교육 자체가 지닌 인문학적 가치를 돌아보더라도 학습자의 교육받은 마음과 그다지 잘 연결되지 않는다.

학교 교육과정을 카페테리아의 차림표라 가정해보

자. 카페테리아에서는 자신이 먹고 싶은 반찬을 골라 담을 선택권이 손님에게 있다. 하지만 학교 교육과정에서는 필수 섭취 구역과 메뉴가 정해져 있다. 게다가 꼭 먹어야 하는 '맛없는' 영역은 무지하게 넓고, 진짜 선택해서 배우고 싶은 '매력적인' 교과 영역은 가장자리로 밀려나 있다.

배움에 늦은 시기란 없다. 살아가면서 나중에 필요성을 깨달아 늦게 배워도 그 가치는 충분하다. 우리들 각자의 보석같은 삶을 '그 시기에 필요한 교육'이라는 맹목적인 통념에 양보하지 말자. 나는 열여섯 살에 수학을 포기했다. 하지만 요즘 박문호 박사의 우주 탄생과 지구의 생성에 관련된 강의, 김상욱 교수의 양자역학과 인문학을 연결한 특강들에 폭 빠져 산다. 수학, 천문학, 지구과학, 물리학이 왜 우리의 문명, 인식 그리고 삶에 깊이 연관돼 있는지 이제야 조금씩 이해하게 됐고, 너무나 매력적인 학문이라는 사실도 알아가고 있다. 배움은 내 삶을 위해 복무하는 것이다. 돌이켜보니 내가 몰입해 배운 내용 대부분은 스무 살 넘어 내 삶에서 절실하게 필요성을 느꼈기 때문에 시작한 것이었다.

교육의 최대 적은 어린이와 청소년의 호기심과 도전 정신을 말살하는 것이다. 자녀의 능력에 대한 부모의 지나친 욕망이 첫 번째 주범이다. 학생들의 자발적 지식 욕구보다 앞질러, 배움과 가르침을 효율적 시스템으로 박제화하는 과잉 교육제도가 두 번째 주범이다. 다음 세대의 지적 호기심을 억누르지 말자.

이제 막 공부가 재미있다고 느끼고 있는 우리 졸업생 규리의 배움 의지에 찬사를 보낸다.

정서교육을 위해
'마음 열 결심'

,

'상처 입기 쉬움'과
공적인 삶은 어떻게 연결되는가

'쓸쓸함.' 이 단어 하나는 아무런 정보도 옮기지 못한다. 두보는 자신의 시 〈등고登高〉에서 마지막 부분을 이렇게 끝맺는다.

"힘들었던 세월 고통과 한스러움에 서리 내린 귀밑머리 / 헛되이 늙은 몸 탁주 잔 들었다가 다시 멈추었네."

늘그막의 두보에게 현실은 흘러드는 강물이요, 마음은 떠나가는 바람이었으리라. 두보가 사용한 '고苦'와 '한恨'이라는 단어는 시 전체를 통해 독자가 공감할 맥락 안에 놓임으로써 비로소 '특정 쓸쓸함'이 지닌 정서적 색채를 드러낸다.

독일 출신 프랑스 작곡가 오펜바흐가 작곡한 첼로곡 〈재클린의 눈물〉. 연주 시간 7분 남짓한 소품이다. 첫 소절을 마주하는 순간 형언하지 못할 복합 감정이 밀려든다. 슬픈데 우아하고, 격정적이나 섬세하다. 감정의 격랑이 잦아들자 이내 흘러내리는 선홍빛 핏줄기 같다. 모세혈관 끝까지 다다랐던 고통이 아물어갈 무렵, 마음 여린 사람의 내면 풍경이 이러할까.

오펜바흐는 1880년 숨졌다. 영국의 첼리스트 재클린 듀프레이는 세계적 명성을 키워가던 스물여덟에 다발성 경화증을 얻었고, 14년간 투병하다 1987년 숨을 거뒀다. 독일 첼리스트 베르너 토마스가 오펜바흐의 미완성곡을 정리하다 우연히 악보 하나를 발견했다. 그 시점이 공교롭게도 1987년. 베르너는 새로 발견한 곡의 표제를 〈재클린의 눈물〉이라 붙였다.

감정과 정서는 고대 이래로 철학자들에게 골칫거리였다. 변하지 않는 본질을 탐구하는 데 방해된다고 여겼기 때문이다. 두보의 〈등고〉가 담고 있는 비애, 〈재클린의 눈물〉이 표상하는 애수를 철학적 논리로 어떻게 다룰 것인가. 상황은 교육 장면에서도 마찬가지다. 아이들 하나하나는 개인별로 정서적 삶과 맥락을 가지고 있다. 하지만 학교는 그것을 섬세하게 들어줄 만큼 한가하지 않다. 학교 제도란 공리주의 철학을 구현하는 상징물과 같다. '최대 다수의 최대 지식'을 달성하기 위해 설계한

근대식 사회체제다.

　인간이 느끼는 공포, 슬픔, 분노, 혐오, 놀람, 행복과 같은 감정은 어디에서 오는 것일까. 우리는 전지전능한 존재가 아니기 때문에 감정을 가진다. '상처 입기 쉬움 vulnerability'은 인간이 피할 수 없는 속성이다. 루소는 《에밀》에서 인간 존재의 약함으로 인해 비로소 인간이 사회적 존재가 된다고 통찰한다. 그는 이어 말한다.

> "모든 인간이 공유하고 있는 고통이
> 우리의 마음에 인간애를 갖게 한다.
> 우리가 인간이 아니라면 인간에
> 대한 의무를 갖지 않을 것이다."

　'상처 입기 쉬운' 우리 인간은 자기 감정을 드러내거나 타인의 표현을 감상함으로써 평정심과 동질감을 유지한다. 학교에서 생활하다 보면 갑작스레 감정을 폭발하는 아이들의 언행을 자주 본다. 억압되어 있던 자신의 감정을 말, 노래, 춤, 연주, 그림, 문자, 낙서, 공예, 수다 등의 수단으로 풀어내지 못할 때, 응어리졌던 마음이 블랙홀처럼 터져버리는 것이다.

미국의 법철학자이자 정치철학자인 마사 누스바움은 《시적 정의》에서 문학작품, 특히 소설이 품고 있는 교육적·공공적 의미를 치밀하게 탐색한다. 소설은 특정한 삶을 살아가는 인간 존재를 독자의 눈앞에 아주 구체적인 모습으로 데려다 놓는다. 등장인물들의 상황, 내면세계, 생생한 언어를 묘사한다. 누스바움에 따르면 문학작품을 통해 독자는 타인의 삶이 어떤 것인지 상상하게 되며, 이 같은 공감에서 얻은 경험으로 조금 더 나은 세상을 만들어가는 힘을 얻는다는 것이다. 문학적 상상력과 공적인 삶은 이렇게 서로 연결된다.

누스바움이 《시적 정의》를 쓰기 전에 박찬욱 감독의 영화 〈헤어질 결심〉을 봤더라면, 영화가 지닌 정서교육에서의 잠재성과 그 역할에 대해 소설과 거의 동등한 수준으로 논의했을 것 같다. 한 네티즌의 짧은 감상평을 보자. "죽음은 생을 일깨우고, 사랑의 완성은 권태가 되고, 미결은 그 자체로 완결이 되는. (이 영화의 의미는) 무한대예요… 무한대."

아이들 마음을 읽어 들이자. 음악, 시, 소설, 영화를 통해 아이들이 지닌 변화무쌍한 정서의 흐름을 이끌어내자. 선생도 진솔하게 자신의 '상처 입기 쉬움'은 무엇이었는지 학생들에게 '마음 열 결심'을 하자. 정서의 교류, 그 자체가 곧 정서교육이다. 이것이 잘 돼야 모든 이들의 공적인 삶이 더 수월해진다고 하지 않던가.

이 책에서 언급한 문헌들

4·16세월호참사 작가기록단,《금요일엔 돌아오렴》, 창비, 2015

A. S. 니일, 한승오 옮김,《서머힐》, 아름드리미디어, 2006

Gert Biesta,《World-Centred Education》, Routledge, 2021

김희영,《블랙마운틴 칼리지: 예술을 통한 미래교육의 실험실》, 사회평론
　　아카데미, 2020

라인홀드 니버, 이한우 옮김,《도덕적 인간과 비도덕적 사회》, 문예출판사,
　　2017

마사 누스바움, 박용준 옮김,《시적 정의》, 궁리, 2013

박홍순,《미술관 옆 인문학》, 서해문집, 2011

버트런드 러셀, 송은경 옮김,《게으름에 대한 찬양》, 사회평론, 2005

야누시 코르차크, 홍한별 옮김,《야누시 코르차크의 아이들》, 양철북, 2020

오르한 파묵, 이난아 옮김,《이스탄불》, 민음사, 2008

윌리엄 골딩, 유종호 옮김,《파리대왕》, 민음사, 2002

이반 일리히, 박홍규 옮김,《학교 없는 사회》, 생각의나무, 2009

쥘리앵 프레비외, 정홍섭 옮김,《입사거부서》, 클, 2016

토머스 모어, 전경자 옮김,《유토피아》, 열린책들, 2012

한병철, 김태환 옮김,《투명사회》, 문학과지성사, 2014

허먼 멜빌, 공진호 옮김,《필경사 바틀비》, 문학동네, 2011